我的骨頭會說話

法醫真實探案手記 1

南方法醫
廖小刀——著

suncolor
三采文化

一作者序一

我也只是見慣屍體，並不是見慣生死

——南方法醫・廖小刀

二〇一七年，一個朋友和我說：「你做法醫那麼多年，能不能把一些案件故事寫出來呢？」在她看來，破案肯定是驚險又有趣，尤其法醫破案，一聽就很專業，讓人敬佩。

起初我是拒絕的。作為法醫，我對案件向來只知一鱗半爪，並且我一直覺得自己不大會講故事，從小到大，我的作文都沒有得過高分，要寫好案件故事對我來說真的是一個巨大挑戰。

不久後，我生活中遇到一些困難，想做點什麼來轉移注意力。我開始重新思考，是否應該寫些東西，寫些讓我記憶深刻的案子，記錄一些關於生死、關於人性的東西。

當時，我就職的公安局正在積極偵辦懸案，很多塵封多年的檔案袋從檔案室被搬了出來，已經開始發霉的物證再次見到陽光。如果我們不去清理這些懸案，那麼這些未破的案子，就永遠不可能偵破，枉死者永遠討不回公道。

在清理懸案的過程中，我終於下定決心要將我自己經手的案例記錄下來，於是寫了兩個簡短的又有點粗糙的故事，公布在網路上。

正是這兩篇現在看來非常粗糙的案件故事，讓「天才捕手計畫」的編輯注意到我，他們和我說，既然要寫，不如加入他們，和他們一起將案件故事講得更好，讓更多的人看到我寫的案子。

於是，二〇一九年年初，我在「天才捕手計畫」的平臺上，發表了我的第一個案件故事，是一個女孩被人殺死分屍後裝進箱子並棄屍的故事。

那是我藏在心中最深的案子，一個沒有頭、也沒有四肢的女孩屍體被塞進了行李箱，丟棄在大河邊。而我，在她遇害後一年才看到她的頭。

編輯不止一次問我，為什麼第一個想講這個案子？我起初以為，只是由於這個案子當時被忽略得太快，讓我太不甘心，而後來又太巧，她的頭顱就一直在原地等著我們幫她找到凶手。

但當我一遍又一遍地問自己，我才察覺這個案子最讓我揪心的，其實是這個女孩的生活狀態。她的父母兄弟明明都還健在，但她生活得就像透明人一樣，除了我們，沒有人試圖去找她。

我也只是一個普通法醫，或許我開始寫作，也不過是不願意自己成為那個透明人，我想講出更多精彩的案子，分享更多破案的艱辛和人世間的悲苦。

就這樣，這幾年裡，我記錄了一個又一個真實發生的案子。有讓我揪心很久的小女孩被殺案，那個讓我和勝哥無數次駐足的路口，其實就是我現在居住的社區路口。

也有讓我一度被逼到牆角，甚至差點陷入調查的刀下留人案。直到現在，依然有人覺得是我們抓錯凶手，冤枉了好人。

有些案件的破獲，巧合得讓人不敢相信，就像它們發生時也不過是一個巧合。我很努力地想把每一個案子講好，想讓更多人喜歡我講的案子，能夠讓他們從法醫的視角了解到案件的始末。

但就和我們更常吃的是家常便飯而不是海陸大餐一樣，絕大多數案件其實沒有那麼精彩，有的案子也不方便記錄下來給大家看。

二〇一九年年底，最初鼓勵我寫案件故事的朋友，因為憂鬱症跳樓自殺了。在她出事前我沒機會見她最後一面，她過世之前，一直說有機會來找我吃飯，擼一下我家的貓，等我出了書還要給她一本獨家親簽版。

作為一名從業十八年的法醫，我經歷過數百起墜樓案，有自殺，也有意外，但是沒有一次像這次一樣，讓我心緒不寧，情緒低落。

二〇二〇年，陪伴了我十幾年的白貓菜頭，也因為年邁而病死。也許早些年奶奶的去世，就讓我明白，我也只是見慣屍體，並不是見慣生死。

我們無數次見證旁人的死亡，最終我們也會走向死亡，而我不過是想把自己在路上看到的那些風景和片段跟更多人分享。

從二〇一九年到二〇二三年，五年過去了，回頭看來，當初一起聊天的朋友、鼓勵我寫故事的朋友，有些人已經消失在人海，但更多人還在繼續支持著我，陪伴著我。這幾年裡，我在網上認識了更多的朋友，幫助一些網友解決了困擾他們的問題，我自己也從人生的低谷中掙扎著爬了起來。

我依然還是那個不怎麼起眼的法醫，我還是和以前一樣敏感而多疑，我也依然和年輕時一樣，總是想把自己的工作做得更好，努力讓更多的案子破案，發現更多真相。

當法醫的年月越久，經歷的案子越多，也就讓我有更多的案件故事可以和大家分享，讓大家能夠對法醫、對刑警有更多的認知和認同。

十八年前，我剛工作的時候，法醫並不是一個光鮮亮麗的職業，那時候社會對法醫的了解很少，認同感更低。在珠江三角洲地區，有些家屬甚至會覺得我們晦氣，拒絕和我們握手，就連有些同事，也會因為我們剛看完屍體現場，不願意和我們同桌吃飯。

那時候，我們的解剖室還只是位於殯儀館角落的一個小房間，不到三坪，房屋中間一個用水泥砌成的T形臺，充當我們的解剖臺。就是在這樣的解剖條件下，我們經歷了一年上百起命案的歲月，也見證了社會治安越來越好。

我們這裡不過是社會的一個縮影，在更多的地方，在這些年裡，無數法醫一次次站出來為死者發聲，為生者維護權利，一次次協助破案，讓警隊和社會對法醫的認知越來越多，對法醫這個職業的認同感也越來越強。

主動報考法醫專業的學子也越來越多，甚至法醫這個職業都有專門的綜藝節目了，以至於我都覺得該給準備學這個專業的人潑冷水。因為法醫工作也不過是刑偵工作的一部分，我們重要，但並沒有想像中那麼重要，工作中也不全是那麼精彩的破案故事，更多的時間裡，法醫工作瑣碎而忙碌。

我工作了十八年，這幾年費力拼湊出真相，能講出來的案件故事，也不過是這一本書。我一直覺得自己的文字很糟，所以我特別感謝一直給我鼓勵和支持的「天才捕手計畫」的編輯——鍋盔，她實在是太有才，太可愛了，我每一篇文字都有她的辛苦付出。

我一直夢想能夠有一本自己簽名的書，為了撐起一本書的分量，斷斷續續寫了近四年，現在終於達成心願了，也特別感激不嫌棄我的讀者，希望你們都快樂，遠離悲苦。

作為一個法醫，除了為死者發聲、為生者維權，我更希望天下太平。

目錄

＊為保護當事人隱私，書中人名及部分地名為化名。

01

沉案

破案有時就差一個契機，但契機究竟明天來，還是永遠不會到來，我無從得知。這就是這個職業的宿命。

案發時間：二〇一五年十一月。

案情摘要：河岸邊有一個二十四吋行李箱擱淺，內有一具無頭女屍。

死者：不明。

屍體檢驗分析：四肢斷開處見長骨露出，創傷處布滿刀痕，切口淺，位置非關節處，疑似臨時起意的分屍行為，且分屍手法殘暴。嚴重肺氣腫，左心室表面布滿針尖狀的出血點，窒息死亡？

辦公室越來越安靜，只有不遠處在電磁爐上加熱的鍋裡持續發出咕嘟咕嘟聲。一股一股白色水蒸氣升騰而起，空氣裡滿是不安。鍋裡煮的，是一塊女人的骨頭。先用洗衣粉水煮掉屍體一小塊骨盆上的肌肉和軟組織，再觀察表面凹凸溝脊——這是我常用的確定死者年齡的辦法❶。

我對著電腦，眼前是今天的現場照片與寫了一半的命案現場分析報告。四下俱黑，只有螢幕上的照片螢光閃爍。照片中的她蜷縮在行李箱裡。沒有頭，沒有四肢。白色水氣繼續升騰、瀰漫。這是我與無頭女屍的對話時間。

拿起二十四號銀色手術刀，刀尖輕觸她皮膚的瞬間，我的手頓了一下。我感受到她皮膚尚存的柔軟。不鏽鋼解剖臺冰涼，我雙腳打開，頭頂一圈強烈的冷光。一股特有的氣味充斥我的鼻腔，冷颼颼的，越來越濃，似乎要鑽進我的腦子，水和消毒液也蓋不住。

解剖刀從她的頸部正中切入，刀尖在黑綠色的皮膚上緩緩劃下。第一肋軟骨還沒有鈣化。刀尖繼續向下，一字切開胸腹，脂肪不多，沒有妊娠紋，沒有手術疤痕。死者年紀不大。屋裡的抽風機不間斷發出嗚嗚聲，像是哀號。

❶煮骨斷齡：使用高壓鍋煮骨頭來判斷年齡，原理是基於骨骼中微小氣孔的空氣膨脹率不同的特點。年齡越大，骨骼中的微小氣孔就越密集，通過煮骨頭時氣壓的變化，可以判斷出骨骼的年齡，一般誤差不超過兩歲。

她四肢斷開的地方，長骨參差不齊地從烏黑的肌肉中豎起，異常突兀。分屍的手法相當粗暴。這種傷口表明凶手既沒有經驗，也沒有耐心。或許是時間不足，也或許是空間有限，又或許是焦慮所致。

第一現場也許就是某個簡陋的出租屋，我心中暗想。我稍稍用力破開她的胸腔兩側，膨脹的肺露了出來。輕輕撚動肺葉的邊緣，細小的氣泡散布，肺葉間還有一些深色瘀血。這個現象提示我，她的肺部嚴重氣腫，難道是窒息死亡嗎？

我剪開心包，左心室表面同樣散布著幾個針尖狀的出血點。口罩下，我抿緊的嘴唇鬆了下來。要判斷是否窒息，心臟有無出血點是很關鍵的一環。

一個畫面在我的腦海裡閃現——憤怒的凶手用力掐住她的喉嚨，也許同時還搖晃、重擊她的頭部。她全力掙扎，但力量懸殊，缺氧加劇，死亡很快降臨。

要再進一步確定是不是機械性窒息（Mechanical asphyxiation），還必須考慮中毒的可能性。

銀色的刀尖繼續向下，胃和十二指腸裡只有不到五十克的食物殘渣。我用勺子一點點收進一個白色的圓形小盒，以備查驗。凶手應該是發現她沒有動靜，才停下動作的。當面前躺著這樣一具屍體，該怎麼辦？

直接逃走的話，屍體很快就會被人發現，順著住處資訊就會被找到，不行。可是外面到處是人和監視器，拖這麼大一個人出去太扎眼，也不行。

窗外車輛疾馳而過的聲音，隔壁房間電視劇的聲音，走廊開關門和人走動的聲音，甚至一個咳嗽、一個噴嚏，一點點聲響都可能讓神經緊繃的凶手戰慄。二十四吋的行李箱裝不下一個完整的人，凶手很可能在這時想到了分屍。

他弓著身子，把屍體拖到廚房或是廁所，拿起最順手的那把菜刀，也可能是唯一的一把，直接猛烈地劈砍起來。典型的臨時起意的分屍行為，難道是熟人犯案？

凶手應該很快就發現，分屍不是一件容易的事。因為女屍四肢和頸部的傷口上布滿刀痕，而且都不是落在關節的位置，切口也都很淺，有些地方甚至不是直接砍斷，而是暴力折斷的。

凶手應該很累了，於是放慢動作切割皮膚和肌肉，那些糾纏的組織讓他心煩意亂，砍到最後一點時，他用蠻力折斷骨頭。

大腿應該是先被砍下來的，可上半身還是放不進行李箱，他又砍下她的雙手，胡亂剪碎脫不下來的衣袖。最終，軀幹塞進了行李箱，剩下的四肢和頭另外裝在一個或幾個袋子裡，衣服碎片則被他順手丟進了行李箱。

等到後半夜，凶手拉著裝屍體的行李箱，從狹小的出租屋裡出來。一路上擔驚受怕，直到盯著行李箱消失在水面，他才鬆口氣。

屍體在水中浸泡了數天，絕大部分生物跡證已被水流破壞殆盡。我取出無頭女屍的子宮，用棉花棒提取了一份擦拭物。河水沒法沖刷到子宮內，如果有到達子宮的精子，便會留在這裡。我將所有的臟器擺回原位，開始縫合。她能告訴我的，似乎都告訴我了。

八小時前，無頭女屍在河岸邊被發現。等我趕到那裡時，一條長長的警戒線已經將整個河堤路攔住。警戒線外，圍著一群看熱鬧的人，他們的目光越過警戒線，聚集到三十公尺外的河灘上，幾個員警與一個孤零零的行李箱放在那裡。

其實我已經記不清，今年來過這裡幾次。不遠處的巨大橋墩總像是在幫我們，多具從上游漂來的浮屍被它阻隔，擱淺在這片河灘。

我從勘查車上拎下工具箱，穿過人群，朝抬高警戒線的治安隊員點了一下頭，微屈上半身，鑽進警戒線，也鑽進新案子之中。一個二十四吋的黑色行李箱倒扣著，拉鍊已經被打開，露出的部分，看得出是人的軀幹。

「還有其他人動過屍體嗎？」我邊戴手套邊問。

岸邊吹過一陣風，裹住屍體特有的氣味撲來，幾個員警忍不住捂著鼻子。

「沒有，只有報案人因為好奇拉開了拉鍊，其他人就沒動過了。」

看他難受的樣子，應該是個新員警，我順手將自己的口罩遞了過去。

我彎下腰，小心地平移開箱子，揮了揮手，蒼蠅四散。死者下身赤裸，上身套了件殘破的深藍色外套。我注意到箱子裡有些衣物殘片，便拿了幾塊拼在死者袖子的破口處比對、吻合。

我蹲下去，拉開她的衣服，伸手按壓她的腹部，硬邦邦的，那是因為腸道充斥著腐敗氣體。

五天以上。我預估了遺體大致的死亡時間，考慮到天氣因素，再早的話可不是這種衣著了。法醫基於案發現場做出的基本判斷，往往會影響最初的偵查方向，這總讓我想起隨堂考試。

我不知道這個女性的名字、容貌，還有她的過去。能告訴我一切的，現在只有這具殘缺不全的屍體。

一行人抬著擔架朝現場走來，下河灘的路很陡，看著他們，我突然想到，凶手提著這麼重的箱子，想順著河堤斜坡下來可不容易。是的，這裡不但不是案發現場，甚至也不是第一棄屍現場。

我把軀幹包好，幫著大家小心翼翼地把她裝進黑色屍袋。看我們抬著黑袋子上了堤壩，圍觀群眾迅速向兩邊避讓，讓出一條異常寬敞的通道。

閃著警燈的勘查車沒入車流，窗外人潮熙攘，一切如常。車裡沒人說話。發現無頭女屍的四天後，我在自家社區門口看到了為分屍案張貼的尋人啟事。

女性，年齡二十至二十五歲，身高一五五至一六〇公分，體型中等，身穿深藍色長袖外套。沒有死者的面部照片，只有一張衣物照，是塑膠模特穿著死者衣服拍的，衣服破口通過電腦後製修復過，末尾還附上了那個孤零零的行李箱的照片。

四天過去了，我們依然不知道她是誰。懸賞公告遍布街頭巷尾。我們將調查對象的失蹤時間擴大到案發前十天，偵查範圍也由本地擴大到河流上游城市，還是沒有一個吻合。

每晚十一點，結束調查的刑警們就會聚在一起開會。這樣情節惡劣的分屍案，一年也少有幾起，他們會揪著細節一遍遍跟我確認。案子沒破，這樣的會也不能停。

有一次經過走廊上的長沙發，我忍不住數了數，那麼小的地方，足足有六個偵查弟兄擠一塊兒補眠。

沒人報案，也沒人露面。解剖室那具無頭女屍還在那兒，似乎真是頑強地等待著自己的頭顱與四肢，等待著我們來講述真相。

我們爭論了很久，最終還是回到原點、回到現場。攔截女屍的大橋是條主幹道，連接著周邊數個地級市❷，與河流經過的地方並不完全一致。

一種質疑聲逐漸占了上風：那個黑色行李箱會不會是從橋上扔下來的？

如果是公路棄屍，那往往會有汽車參與。這個思路之下，屍體發現地可能和第一案發現場距離很遠。若果真如此，我們的搜查範圍還得擴大，難度可想而知。

有的時候，漫天撒網也是辦案過程的一部分，為的是給這些陷入困局的案子，爭取一線生機。可是我不這樣看。

「對案發第一現場，你有什麼想法？」某一天，隊長突然把我叫到辦公室。

「我還是認為，凶手是在附近河邊棄的屍。」

我的判斷是基於女孩的行李箱和衣服，看起來材質一般，也不是什麼昂貴的品牌。這兩樣物品我前後相驗了不下六次，對它們非常熟悉。

我懷疑死者和凶手應該都是經濟實力較弱的外地工作者，他們應該不太可能有大型交通工具。其他的運輸工具，不管是摩托車還是自行車，背著一個屍體長時間暴露在外，沒有凶手會傻到這樣做。

我仍然堅持，搜查重點應該聚焦在周邊兩三公里內的幾個打工村。一個錯誤的判斷會耗費掉本就有限的人手和精力，更可能會使後續偵查徒勞無果。搜查圈究竟應該擴大還是縮小？現在我們就站在這個「十字路口」。

❷地級市：中華人民共和國地級行政區的一種，屬於第二級行政區劃，指受其行政中心所在城市所管轄的全部地區，相當於西方國家的都市區。

「要不弄兩個箱子實驗一下？」我問隊長。

一週之後，我和技術組的同事來到那座大橋上。我們手裡提著兩個行李箱，裡面有近四十公斤的填充物，與無頭女屍的軀幹一樣重。

冬日的河岸一片灰濛濛，幾百公尺的堤岸看不到一個行人，河水翻起渾濁的浪。我在打撈上女屍的地方，望著大橋。

電話響了，這是約定好的信號：準備就緒。

突然，一個方塊狀的黑影從橋上急速落下，砰的一聲巨響，像是引爆了一枚小炸彈。箱子一碰水面就爆開了，水花濺得很高，巨響穿過喧囂的車流，直衝進我的耳朵。待到撈上來，箱子所有拉鍊和縫線都被扯開了，衝擊力很大。

我們拋下另外一個箱子，得到一樣的結果。這意味著，如果凶手是從橋上棄屍，箱體一定會嚴重受損，而裝無頭女屍的行李箱是完好的，被發現時甚至還處於相對密封狀態，只是因為屍體腐敗，箱子才浮上水面。

可以確定，棄屍處並非大橋上，很可能就是上游河灘，應該也不會很遠。

我堅持的思路成了破案關鍵。

大橋行李箱實驗後，在回警隊的路上，我收到了女屍的ＤＮＡ（去氧核糖核酸）檢驗鑑定結果。最後收集的那幾根子宮棉花棒派上了大用場。

一個男性的ＤＮＡ分型被檢驗出來，並且和女死者的ＤＮＡ分型符合單親遺傳關係，講白了，死亡女孩的肚子裡，有一個正在成形的胎兒。

一屍兩命。胎兒的父親是誰？女孩會不會是因為這個胎兒而遇害的？更奇怪的是，即便是意外，懷有身孕的女孩失蹤半個多月，竟無男友或親友報案。

「你說死者有沒有可能除了認識凶手，就沒有其他家人朋友？」看著一張張行色匆匆的面孔，我忍不住和同事嘀咕。

「這誰知道啊，或許沒人關心她吧。」同事一臉無奈。

我想像著這個女孩的臉，如果不是發生了這樣的事，現在的她應該也和這些行人一樣，奔波在晚高峰的車流裡。

女孩的死亡乃至分屍，安靜得有些嚇人。我們在ＤＮＡ資料庫裡沒有比對出死者的身分，也沒有胎兒父親的線索，兩人都沒有前科。

破案的一絲光亮轉瞬即逝。解剖臺上的女孩在等，我也在等。

對不起啊，我只是一個法醫。讀大學的時候，這專業還沒什麼人知道，班上二十九個人，包括我在內，二十八個人是調度過來的。入行之前，覺得法醫能看破死亡的表象，還死者一個真相，是件很有意義的事。但十幾年過去，還留在崗位上的同學不到三分之一，我自己整理的未破懸案也有五十多起。這當中，有物證齊全就是逮不到人的，也有知道凶手身分，但就是查無此人的。

做得年頭越久，手上的沉案就越多，每一起都是心裡的坎。跨過這些坎，才能接新的案子。可一旦跨過去，又會歉疚，誰給這些死去的人一個交代？尤其是這種無人知曉、無人在意的女孩？

破案有時就差一個契機，但契機究竟明天來，還是永遠不會到來，我無從得知。這就是這個職業的宿命。

周邊幾個村的出租屋成了調查重點，那裡住著不少外地工作者。如果案發第一現場是出租屋，那麼凶手很可能立即清理並退房。而且馬上就要過年，凶手辭掉工作回老家再不回來，誰都不會懷疑什麼。那時，我們就真是大海撈針了。留給我們的時間不多了。

我有些衝動，與同事一起來到周邊村裡的出租屋調查。一間，一間，視野裡並沒有出現藍色螢光——那種魯米諾（Luminol）試劑遇到血跡的典型反應。

我放下手裡的噴壺，站了起來，長時間蹲姿導致的低血壓讓我頭暈。室內除了執法記錄儀閃爍的燈光外，一片漆黑。

「開燈。」

旁邊的同事放下相機，打開出租屋的燈，問：「多少間了？」

「第二十二間了。」我回頭看了眼記錄本，上面寫著一個月來我們勘查過的所有出租屋數量。

「會不會不是這些村子啊？開車丟的？你想，頭和四肢都沒有發現，萬一真是上游一些遠地方漂來的呢？」同事漸漸對這種看似漫無目的的搜查喪失了信心。

會是下一間嗎？頭頂出租屋的燈光打在我臉上，冰冷、蒼白，又讓我想起解剖臺上的女孩。

還有一週就過年了，空出來的出租屋越來越多，可第一現場還是沒有找到。

我不是辦案人員，也不是情報人員，看不到監視器影片，也分析不了資料，每天還有很多屍體排隊等著勘驗。我能為這個女孩做的，似乎已經到了盡頭。

當時的我並不知道，那是我離凶手最近的一次。

冬天已經過去一半。年前最後一天，警隊組織了簡單的年夜飯聚餐。

不僅女孩分屍案沒有破，不久前還發生了第二起女屍案，同樣是無頭，同樣沒有親屬報案。不過第二起與之前這起做案手法完全不同，應該不是同一個凶手。

我知道偵查那邊的壓力更大，好幾個弟兄連續加班了一個月，每天早出晚歸。都知道分屍案要找屍源，但兩個案子偏偏都卡在這一環，沒有家屬報案走失，也沒有工廠回報員工失蹤。

明天就是新年了，難道兩個女孩的家人沒有發現人不見了？

刺骨的寒氣打在窗玻璃上，起了一層白霧，屋裡人聲吵嚷，大家紛紛舉杯。

隊長逐桌敬酒。到了我，我端起可樂。

「咦，你今天又值班？」隊長有些意外。

「等會兒回去還有工作要做。」我一口氣乾了。

「有什麼過完年再說。」隊長一仰頭，杯也見了底。

藉著值班的理由，我溜回辦公室。電腦還開著，螢幕上依然是分屍案現場和無頭女屍的照片。已經數不清是第幾次打開這些照片了，閉上眼，我甚至能清晰地復原每一道傷口的大小、深淺和走向。

我新建了一個資料夾，把所有和女孩分屍案相關的檔案都放進去。「未破命案」——我給資料夾重新命名。沒破的案子又多了一起。

從業十八年，我碰到過不願跟我握手的死者家屬，不願跟我同桌吃飯的熟人。

十八年間，我出過各種「血洗地」的現場，沒地方走，我用踏板鋪出一條路。

十八年間，我還很多次遭遇過浮屍，死者皮膚發白脫落，我就把他的手指皮膚「穿上」，戴手套一樣去幫他按指紋；十八年間，在高度腐化屍體的現場，我必須不停跺腳，驅趕惱人的蛆蟲，還得小心翼翼地提防牠們鑽進褲管。

我們是法醫，面對無言的屍體，只能拚命對話，拚命破解他們留下的密碼。關掉電腦的一瞬，我彷彿看到一個女孩正緩緩沉入水底。之後每個睡不著的夜晚，我都會點開這個「未破命案」資料夾瀏覽一遍，再關掉。這個習慣，我改不了。案子沉了，我的心卻一直浮在那兒。

隔年十一月，冬天又來了。一年當中，不斷有新案件發生，也不斷有新案件被破，這個案子的檔案袋一直躺在我的櫃子裡，沾了一層灰。

十一月五日準備下班時，我收到一條微信，眼睛剛瞥到螢幕上那短短一行字，我就猛地放下杯子，砰的一聲。

辦公室其他人嚇了一跳。「沒事，沒事。」我訕訕地笑道。

「什麼喜事？」大家帶著疑惑看向我。

「過會兒吃飯我請客！去年年前那個分屍案，比對到人了！」胎兒的父親找到了。

從採集的資訊來看，嫌疑人就在案發地附近的打工村活動。那裡，正是當初我對出租屋進行重點調查的地方，原來我曾和他無比靠近。一年以來，我沒有放棄追蹤，他卻放棄了隱藏。

男人和工友鬥毆，有人報了警，警方登記涉案幾人的訊息，採到了他的血液樣本，這才有了現在的比對結果。是時候整理出那個蒙灰的檔案袋了。

當晚十一點多，我接到隊長的電話，嫌疑人到案，已經初步交代了殺人過程。明天一早，指認現場。

掛掉電話，我在黑暗中靜靜坐了很久，徒勞折騰了無數次，這一次我們終於拉住下沉女孩的手。

第一現場是出租樓一樓，一個不足三坪的房間。臥室連著廁所，屋裡僅有一張床、一個矮櫃。這樣的構造和擺設，我太過熟悉。自作主張調查出租屋那個月，這樣的房間我看了不下二十間。只是沒想到，因為房東不肯退押金，男人也不願損失那幾百元，殺人後，他竟然在案發現場又住了兩個月，剛好躲過我們那輪對退租者的搜查。

最近的時候，我和殺人凶手僅隔著一道五公尺的小巷。終於找到他了，過去一年的等待和煎熬，都有了意義。

這個房間在凶手之後又經歷了兩任租客，現場已被多次清潔，連床板都換過一次。反覆搜尋，也沒有任何案件相關的痕跡。出租屋門口雖有監視器，但事隔一年多，已經沒有什麼有價值的資訊。

「你是怎麼殺她的？」我摘掉手套，衝著這個二十歲出頭，身形消瘦的年輕人問道。

他低著頭，不時瞄我一眼。在那張年輕的臉上，除了睡眠不足的憔悴，我看不出任何情緒。

「掐死的，我也不想，我是一時失手。」瘦弱的男人怯生生地低下頭，極力避開了我的視線。

那時女孩與他同住在這間小屋子。女孩一直沒有穩定的工作，不時會找男人要錢，兩人平時經常為瑣事爭吵。

某一天，女孩被男人撞見和別的異性聊天，兩人起了爭執，女孩甩門離去，一走就是兩週，回來就告訴他自己懷孕了，要他負責，男人並不相信。

懷孕的事情糾纏了兩個月。案發當晚，女孩又提起自己懷孕的事，讓男人給錢，說她要去醫院檢查，兩人再次吵起來。後來爭吵升級成打鬥，男人在氣頭上就失手把自己的女友掐死了。

聽他說「懷孕」兩個字，我覺得刺耳。我幾次張口，想告訴面前的男人，女孩真的懷孕了，孩子就是你的！但在即將說出口的瞬間，又變成一句不帶任何情緒的質問：「掐死之後呢？」

他跑去網咖玩了一晚上，第二天中午推門進家，女友的屍體依然躺在那裡。

男人知道門口有監視器，沒辦法直接處理屍體，只能用菜刀把女友砍成幾塊，第二天趁著天黑，把裝屍體的行李箱扔到了河裡。

遺體還差女孩的頭和四肢。男人帶我們走到距離出租屋兩百多公尺的一條小河邊，示意我們，這裡就是棄屍地點。小河的水面只有七到八公尺寬，河道中心水深也不過兩公尺，這裡和發現屍體的大河相通。大河退潮開閘的時候，小河的水流會變得湍急，行李箱很有可能是開閘時順著水流漂進大河的。

我摸了摸冰涼的河水：「先從這裡撈！」

民警叫來兩個有打撈經驗的治安隊員，又借來兩套連體橡膠服。如果這裡找不到殘肢的部分，就要靠水警和專業潛水夫，在棄屍位置到發現軀幹位置之間三公里長的河道內搜尋了。

一個隊員將腳伸進河水，水漸漸漫到他的胸口。剛走到嫌疑人指定的位置，隊員就舉手示意並說出：「踩到東西了！」

打撈上來的是一個骷髏頭，白花花的。我趕緊戴上手套，小心翼翼地接過來。

纖細的顴骨、平坦的眉骨、細小的耳後乳突結節，還有整體偏小的顱骨——這些特徵無不提示我，這是一個女性的顱骨。

是她，頭骨撈上來的瞬間，薄弱的證據鏈完整了。如果不是因為男人的那場鬥毆，這一幕可能會遲來很多年。

我把顱骨靜靜放在一邊，戴著腳鐐、被警繩捆綁著雙手的男人，也在顱骨邊緩緩蹲下了身。

事隔一年，這個衝動暴戾的男人，終於把自己連同真相，推到了我的面前。他像被抽掉了骨頭一樣向一側歪倒，旁邊兩個刑警架著他的雙臂才勉強撐住。一年前那個驚悚的夜晚，此刻也許正在他的腦海中重演。

隨後，在同樣的位置，又發現了兩個下肢和一個上肢的屍塊，上面的人體組織已經完全皂化，像一大團深黑色的汙泥敷在白花花的骨頭上。

不是家人，不是男友，而是我，一年後第一次看到她。我們終於見面了。

三天後的下午，我拿著女孩分屍案的鑑定書和現場檔案去三樓找刑警隊的勝哥，他和我同一年入局工作，性子豪爽得不行。

他正倚著走廊的牆壁抽菸，我遞過檔案袋讓他簽名。忍了幾次，我還是問出了壓在我心底一年多的疑問：「這個女孩沒有家屬在這邊嗎？」

「有，就在隔壁市打工，父母都在，還有一個哥哥。」勝哥接過筆潦草地簽了名，頭也不抬地回答。

透過嫌疑人的交代，勝哥得知了死者姓名，根據身分資訊查到了女孩的家。

她並不是我們想像的那樣，遠離故鄉獨自在外打工，她不僅有父母兄長，而且住址距離案發地很近。這家人在當地打工近十年，經濟狀況也不算差，有一間小小的二手房，算是定居了。

就是這樣家庭的一個女孩，父母和哥哥一年沒有收到任何有關她的消息，卻沒有一絲懷疑。直到勝哥找過去，他們才知道女孩已經遇害一年多了。

我們向她的父母了解女孩的狀況，他們表示只聽說女兒在該鎮打工，但具體的工作地方不清楚，住在哪裡也不清楚。他們知道女兒有男友，但不知道叫什麼，更不知道女兒男友的電話。

親生的女兒，似乎是個不存在的透明人。我不知道這個家庭背後有多少祕密。勝哥告訴我，他對家屬說屍體需要領回去自己處理的時候，他們最擔心的是，需不需要給殯儀館保管費。如果要的話，就不來處理屍體了。

「他們還想讓凶手賠錢。」勝哥神情黯然，吐了個煙圈，隨後從口袋裡掏出一張紙並說：「喏，這個你簽了吧。」是女孩的死亡證明。

當你在努力為死者鳴不平的時候，在血緣上與她最親近的人在乎的，卻是能否最後撈上一筆。我很想爆兩句粗口，但到了嘴邊也只是一聲嘆息。

每一具屍體的背後，都有一個冷漠而諷刺的世界。另一具相似的女孩屍體，依然擺在殯儀館，親友杳無音信。

勝哥靠在牆邊，繚繞的香菸遮住了他陰鬱的表情。我有很多次機會能看到女孩的樣貌，只要在警方的系統裡輸入她的資訊。但我知道，她需要的是真相，不是同情。

接過女孩的死亡證明，我在死亡原因一欄工整地寫下五個字——機械性窒息。這張紙，我一年得簽上百張，但這次簽的時候，我由衷地希望，下一張紙上的名字，屬於另外那個還在殯儀館的女孩。

一束冬日陽光打到不遠處大樓的玻璃上，又反射過來，我瞇著眼，隔著玻璃望出去，滿眼金黃。直到今天，我還是不知道這個女孩的樣子。

02

尋找失蹤的孩子

他有感觸的從來不是最後屍體在哪裡，而是犯人和受害者第一次相遇的地方，那是一切悲劇的開頭。

案發時間：二〇一五年十二月。

案情摘要：城南小學六年級學生何小鈺，十二歲，於上學途中失蹤。在上學必經路口的監視器影像中發現，小鈺跟一個身穿深色運動外套的男子離開。

男子是誰？他們去了哪裡？

「當員警都覺得不對勁的時候，很多事就真的不對勁了。」勝哥回憶起那起案子時對我說。

二〇一五年年底，已經換上冬季執勤服的我，在好幾個微信群看到同一條資訊——城南小學六年級學生何小鈺，於今早上學途中失蹤。走失時身穿藍白色校服，希望見到的好心人及時告知或報警。

下面附有家長的聯繫電話，還有一張小女孩穿著藍白色校服站在草坪中央，一臉笑容的照片。

勝哥在辦公室找到我，將他的手機推到我眼前，繼續下滑，一連十幾條訊息說的都是一件事，就在三小時前，這個叫小鈺的小女孩失蹤了。

我們倆朋友圈裡的親戚朋友，就連警隊的同事都在轉發。我意識到事態的嚴重性，一抬頭正對上勝哥的眼睛，突然心裡一陣緊張：我是一個法醫，他這時候來找我，難道小女孩已經遇害了？

十八年的法醫生涯中，我參與的失蹤案雖然不多，但也有些經驗。

第一，失蹤案就像一場賽跑，必須爭分奪秒地尋找當事者，晚一分鐘都可能發生大事；第二，如果失蹤的是個孩子，那我們還得「跑」得更快點。孩子沒有任何反抗能力，如果被不法之徒綁架，必定會受到傷害。

勝哥像是看出了我的擔憂，他說：「女孩還沒消息，只是我發現了一些線索，想讓你一起看看。」

案件發生之初沒有任何頭緒，能多拉一個人幫忙，對勝哥來說也是種安慰。其實我能理解勝哥的焦慮，不僅是因為我和勝哥都有女兒，主要原因是，我們倆經歷過一起更急迫的兒童綁架案。

警方逮捕嫌犯時，打開他家櫥櫃，一個摀著脖子的小男孩走了出來。男孩的脖頸被割開，氣管斷了，動脈沒斷，見到我們時很安靜，因為說不出話。

最終搶救及時，男孩倖存下來。但這件事也給我和勝哥留下了心理陰影，小孩失蹤，真的不能等，我們搶來的一分一秒，說不定就能換來孩子的一條命。

距離小鈺失蹤，已經過去四小時。案件熱度的發酵遠比我們想像的要快。

當時正值「打擊人口販賣」題材電影《親愛的》（Dearest）熱映，小鈺這則尋人啟事就像即時上演的電影一樣，在各個微信群瘋傳。

城南小學的學生、家長和老師迅速轉發起來，僅僅一個上午的時間，點開任何一個本地微信群，都可以看到小鈺走失的消息。臨近中午，本地媒體的跟進報導又進一步確認了消息的真實性。

大家的反應，頗有兩年前那場轟轟烈烈的「長春嬰兒保衛戰」的勢頭。二〇一三年，長春曾發生過一起嬰兒失蹤案，偷車賊將嬰兒連車一起偷走。案子發生後，很多市民在社群平臺憤慨轉發，媒體也在第一時間跟進報導。在全城人的努力下，嫌犯迫於壓力最終到公安局自首。

消息的大規模擴散驚動了上級，小鈺失蹤的當天中午，勝哥被叫進隊長辦公室。

「找孩子這種事不一向都是派出所處理嗎？」勝哥剛剛出差回來，下午原本準備休假陪老婆的。

「現在全城都在轉發這個消息，局長都來問了，你先幫個忙。」隊長勸道，「回頭多補你兩天假。」

勝哥隨即拿起車鑰匙。這種案子可等不起。勝哥到達轄區派出所的時候，劉所長正在訓斥自己的下屬。派出所的遲緩應對，從接到報案到現在毫無進展，但事件的影響還在不斷擴大，以致局長都親自來過問。一時間，派出所上下都成了熱鍋上的螞蟻。

一個小學生在上學途中失蹤，失蹤前沒有和家人爭吵，也沒有過往的仇怨，更沒有債務糾紛。雖然失蹤時間不算長，但心急如焚的父母反覆保證，自己的女兒乖巧聽話，絕不會到處亂跑，老師也認同這一點。交警隊和醫院也確認過，當天上午，小鈺上學路段沒有發生過交通事故。

表面看來，案情實在找不到什麼可以下手的地方。所長派出全所一半的人手，騎著摩托車，沿著小鈺上學的路線詢問。勝哥和派出所剩下的五、六個弟兄，分頭在電腦上查看監視器畫面。

很快，他們有了發現。一個路口的治安監視錄影中，早上七點多，身穿藍白色校服的小鈺，跟一個穿著深色運動外套的男子出現在畫面裡。兩人離開的方向，和小鈺上學的方向完全相反。

獲得新線索後，勝哥衝回辦公室，此時距離女孩失蹤，已經過去九個小時。很快，辦公室大門被推開，勝哥徑直朝我走來。他把那段沒頭沒尾的影像發給我，我看著小鈺跟人離開，有些不知所措。

「我找過小鈺父母了，他們都不認識這個男的。」勝哥停下來，等著我的回應。

小鈺失蹤後九個半小時，我和勝哥趕到影片中小鈺走失的那個路口，對照著錄影裡的位置，我站了過去。這是一個普通的十字路口，治安監視器正對著路口的斑馬線，嫌疑人就是從我腳下這個地方帶走小鈺的。

人行道的綠燈亮了，路口的車都停了下來，我點開手機上的馬表，想像著嫌疑人的樣子，略帶匆忙地模擬。一步、兩步、三步……二十公尺寬的路口，他花了二十一秒，來回走了兩遍，總共三十二步。

他和我的身高、體型很接近，步伐基本一致。我反覆看了幾遍，發現影片中的男子在路口停下的時候，還有過彎腰的動作，不知道是在和小鈺說話，還是在確認小鈺是不是乖乖跟著自己。

我試圖在路邊尋找他有可能留下的菸頭、痰液或者其他什麼東西，但是早晨的灑水車和掃地車已將所有痕跡統統帶走了。

影片最後，他們沿著路邊的人行道離開了監視器範圍，我抬頭看著那個方向，不由得心裡一緊。那裡通往一個城中村❸。

雖然我很不想承認，但帶著一個小女孩步行，不可能去太遠的地方，眼下那是他們最可能落腳的地方。

擺在我們眼前的是又一個難題，那是全市最亂、監視器最少的地方，並沒有太多可以調取的影片。

留給我們的時間不多了。勝哥擔心打草驚蛇，這段記錄著小鈺最後一次出現情形的影片並沒有向外通報。他寄望於在進一步的影片調查中，鎖定嫌疑人的活動地點。

當晚，警隊的大樓燈火通明，隊裡沒有緊急任務的弟兄都和我做著一樣的事——在數

❸城中村：在都市化過程中，雖然失去農地卻仍實行村莊制度的地區，這些地區因為居民較貧困、髒亂以及治安不佳，往往被稱為貧民窟。

百個小時的影片中，一幅幅尋找小女孩和嫌疑人的蹤跡。

已經入冬了，外面是呼嘯的北風，辦公室裡卻只能聽到點擊滑鼠的聲音。菸灰缸中不斷堆積的菸頭讓空氣越發渾濁，每人手邊都是濃茶。

直到深夜，全隊上下兩百多人的努力，也只換來一丁點進展：在進入城中村的路口，發現了嫌疑人和小女孩的蹤跡。

勝哥看完影片，穿上自己的保暖衝鋒衣，一頭衝進了出租樓林立的城中村。

夜色已深，城中村小巷縱橫，路燈昏暗，這裡聚集著一些沒有家的人。這些漂泊無依的人擠在一間間出租屋裡，為了能看到明天的太陽，醒來或睡去。彼此不知道姓名，也不在意。勝哥試圖從一個個店鋪老闆口中問出小鈺的蹤跡，又攔下混跡於大街小巷的男男女女，希望他們知道點什麼。但沒有人提供任何線索。

此時距離小鈺失蹤，已經過了整整十七個小時，正值失蹤案件的黃金救援時間。勝哥遠遠地望著城中村深處醒目的招牌，可以確定的是，這就是我們和嫌疑人最後的賽道了。巷子裡的出租樓，在黑漆漆的夜色中像沉默的怪獸，張開血盆大口吞沒了闖入其中的嫌疑人和小鈺。現在，我們也要走入它的地盤了。

進入城中村以後，時間成為我們最大的敵人。

小鈺失蹤的第二十六個小時，消息還在進一步擴散，隔壁市的同行都打電話來問我，是不是確有其事。

另一邊，我也在心燒火燎地進行工作。小鈺的父母被叫來採集DNA樣本，以備後續的檢驗。這是我第一次見到他們，兩人都紅著雙眼，滿臉疲憊，一步一晃地走進來。

小鈺的母親忍不住問我，現在警方到底有沒有查到什麼線索。提到自己的女兒，她的眼淚止不住地流下來。小鈺從來沒有讓父母失望過，父母也一直把她當作掌上明珠，盡自己所能把她送到附近最好的城南小學。但是現在女兒失蹤已經超過二十四小時，依然沒有一點音訊。

小鈺的父親和我告別的時候，又塞給我一張小鈺的尋人啟事傳單。在那上面，我再次看到那個穿著藍白色校服的小女孩，站在草坪中間，一臉笑容。

而我沒有告訴他的是，警方目前掌握的全部線索，只是在影片裡遠遠看到嫌疑人的側臉而已。

時間一分一秒地流逝，勝哥那邊也在尋找著新的突破口。

整整一個白天，我們調集了鄰近幾個派出所兩百多名警力，對每一個進入城中村的人詢問。治安隊員拿著地圖，對每一個巷道、每一棟出租樓，逐一清查。

勝哥和弟兄們則換上便衣，腰間別著上膛的手槍，鑽進小巷，他們得走到大部隊的前面。如果那些大面積清查算是打草驚蛇的話，他們就得在棍子驚動起蛇的時候，擊中它的七寸。

城中村裡人不多，多數住客都在外上班，留在房裡的只有少數夜班後補眠的人。經過一個白天的努力，兩百多個員警敲開了整片區域超過三分之二的出租屋。有人覺得勝利在望，更多人卻覺得希望越來越渺茫。因為沒有人知道，那些敲不開的門背後，躲著的到底是人還是「怪獸」。

勝哥甚至會想像，在某扇沒有敲開的門背後，某個拉著窗簾的窗口，有個身影正靜靜地注視著這一切。

小鈺失蹤的第四十三個小時，形勢逐漸變得嚴峻，大家的體力也快要跟不上了。自從昨天開始，第一輪城中村調查已經持續了十七個小時，勝哥又累又餓，但還是堅持穿梭在蛛網般的小巷裡和那些雜貨店老闆套近乎，跟遇到的打工仔探聽消息。

巷子裡除了偶爾下夜班的行人之外，只有喝得爛醉的酒鬼。那些平時就在灰色地帶生存的人們，早已嗅到不尋常的氣息，一溜煙躲進了更暗的角落。

又盤查了一個行色匆匆的冒失鬼後，勝哥鑽進了旁邊不起眼的一條黑漆漆的小巷。路燈是壞的，他打著手電筒剛走到一半，一大片剛剛拆完的荒地毫無徵兆地出現在眼前，在濃稠的黑暗裡像一隻青面獠牙的怪獸，靜靜注視著、蹲守著，一聲不吭卻讓人心驚肉跳。

巷尾隱約能看到一棟破破爛爛的三層小樓探出頭來。

可能是嗅到有人靠近，也可能是被勝哥晃動的手電筒光驚動了，兩隻碩大的老鼠從荒地裡竄了出來，一頭鑽進他腳邊的下水道。

勝哥被嚇了一跳，他也說不上來，但就是覺得這條巷子，或者該說眼前的這棟樓，有點奇怪。

突然，口袋裡傳來手機的震動，勝哥心裡暗罵一聲，接起電話，隊長召集所有人回局裡開碰頭會。

轉身離開時，勝哥又回頭看了看巷子盡頭那棟孤零零的小樓，暗暗記下位置。

這個地方有點邪門，他打算下次從這裡開始查。

勝哥不知道，那隻他苦苦尋找的「怪獸」，此時此刻就在離他不到三十公尺的地方。

那一晚，是他離改變結局最近的一次。

第三天早上六點半，只睡了四個多小時的勝哥又鑽進了城中村。要想堵住裡面的人，就得比大多數人起得更早。

他再一次拐進昨晚那個來不及查看的巷子。雖然只有一個側臉，但勝哥已經在腦子裡把那半張臉描畫了千萬遍，他猜測那傢伙會不會就在這附近。

白天的巷子冷冷清清，沒有行人，昨晚經過的那片荒地亂石橫生，野蠻生長的雜草從縫隙裡竄出來，裡面丟棄著各種垃圾。

勝哥再度站在那棟三層小樓前，從上到下打量了一番，這回看得很真切。就在他準備敲門的時候，門突然開了。

一個男人手上拎著黑色塑膠袋，正準備出去。看到勝哥的時候，他明顯愣了一下，像是沒想到一大早在門口撞見個生面孔。

勝哥盯著眼前這個穿著深色運動服的男人，心中一動，敲門的手慢慢放下，摸向腰間——那裡是已經上膛的手槍。

男子察覺到不對勁，將手中的垃圾袋往勝哥身上一扔，奪門就跑。勝哥甩掉手裡的包子，也沒有躲迎頭砸過來的垃圾袋，第一時間就衝了上去，甚至沒來得及拔槍。

狹路相逢，他還從來沒有怕過誰。男人並不強壯，一個簡單的絆腿扭臂，就被勝哥輕鬆拿下。勝哥將男子的雙手別到背後銬住，按到住所門邊的牆上，一手拉著手銬，一手騰出來清理黏在自己身上的垃圾。

突然，勝哥停下動作，氣血一下湧上腦門，他手上拽著男人，猛地一腳踹開房門——「怪獸」現形了。

小鈺和嫌疑犯共度三天的地方，出現在他眼前。

我趕到偵訊室的時候，已是當天下午兩點。渾濁的空氣中，勝哥和他親手銬回來的嫌疑人相對而坐，兩人臉上都是同樣的疲憊。

勝哥接過我遞過去的便當，把椅子挪到旁邊，讓開了電腦前的位置，上面是剛剛完成的筆錄。

審訊已經持續了七個小時，是勝哥記憶裡最順利的一次。不用逼問，不用誘導，只是坐在那裡聽著。欄杆那頭，那個叫徐國昌的男人，一直在平靜地敘述。這種冷血的態度，才是這場審訊真正折磨人的地方。

徐國昌在我們面前用最稀鬆平常的口氣，講述起小鈺失蹤的那個早上。三天前，一切都還沒有發生，徐國昌也只是一個普通到不能再普通的打工仔。

當天早上七點，天氣很冷，他站在客運站的出口等了一個小時，不停地打電話。他期待的人沒有出現，對方的電話關機，無法接通。

他在等的人叫肖慧，兩人是青梅竹馬的同學，從小學到初中都在同一所學校上學。他們在學生時代並沒有過多的交集，但在異鄉偶然重逢後，徐國昌發現，與她的相處，成了自己在這個冰冷城市最溫暖的倚靠。

他開始追求這個心目中的女神：電話不斷，不時送禮物，甚至還會跑到肖慧的公司門口和住處門口等候。只是肖慧並不領情，徐國昌的每一次表白等來的都是拒絕，但徐國昌覺得自己的這份真心遲早能打動她。

但在這個寒冷的早晨，徐國昌第一次覺得失望。和他約好早上六點半見面的肖慧並沒有準時出現在車站，徐國昌餓著肚子，在寒風裡一遍又一遍地撥打著肖慧的電話。

七點十五分，在重複撥打了三十七次之後，肖慧的電話終於接通了。電話那頭傳來熟悉的聲音，肖慧解釋說手機關機充電，沒接到電話，老家的奶奶生病了，自己只好延後回來的時間。

徐國昌分辨不出肖慧說的是真話還是假話，但對方不耐煩的語氣讓他越發覺得冷。

「就算是真的，難道她不能提前打個電話告訴我取消了行程？我為她連命都可以不要，她為什麼這樣對我？」在偵訊室裡，徐國昌向勝哥大聲傾訴著，他的心中充滿了憤懣之情。而肖慧顯然低估了徐國昌性格的執拗，甚至極端。

回家路上，經過一個路口時，徐國昌遠遠地看見一個身影，那是一個穿著藍白色校服、紮著單馬尾的小女孩。

距離越來越近，對方圓圓的臉蛋和大大的眼睛越發清晰。一瞬間，徐國昌覺得，「這個小女孩，真像小時候的肖慧」。

他的心越跳越快，就在小女孩即將和他錯身而過的時候，他伸出手，攔下了小女孩。

一個普通人走向犯罪，需要多長時間？

這是我和勝哥從來沒有討論過的問題。但憑藉經驗能判斷的是，這並非是一日之內就能產生的變化，真正可怕的是過程中一個又一個微小的選擇。

偵訊室裡，徐國昌仍在還原當天的經過。

那天，他盯上小鈺之後，伸手擋住小女孩的去路。「妳是城南小學的？」他彎下腰，瞄了瞄小鈺的名牌。小鈺有點害怕，點了點頭。

「我女兒的作業沒帶，你跟我去拿下作業，再把作業交給李老師就好。」徐國昌根本就不擅長說謊，連小鈺這種孩子都能看出來。

小鈺警戒地搖搖頭，她並不認識什麼李老師，眼前突然冒出來的怪叔叔也並不讓她覺得可信。

徐國昌一把扯下小鈺的名牌塞進自己的褲子口袋，假裝生氣地說道：「不幫我拿作業，妳就不是好孩子，我就不還妳的名牌！」

最終，小鈺紅著眼睛，委屈地答應了徐國昌的要求。這個十二歲的孩子顯然沒有意識到，名牌遠沒有安全到達學校重要，也沒有意識到這個決定將帶來什麼樣的後果。

綠燈亮起，她跟著徐國昌走過了路口。學校在視線裡越來越小，徐國昌沒有停下腳步，前方就是城中村了。

迎面而來的都是低著頭匆忙上班或上學的人，大部分店鋪都關著門，只有早餐店門口排起了長隊。沒有人注意到，這個行色匆匆的男人和這個小女孩。

街頭巷尾一片狼藉，徐國昌離開主街道，帶著小鈺鑽進一個僅能通行摩托車的小巷。狹小的巷子把街道上嘈雜的聲音隔離開，徐國昌帶著小鈺走到自己居住的出租樓門口。

這是一棟三層小樓，孤零零地立在巷子的盡頭，比其他樓都要偏，都要破。你可能從它跟前走過很多次，都不會抬頭看它一次。旁邊是一大片荒地，表面的雜草亂石讓人覺得，這裡不會住人。

整棟樓，除了一樓兩個早出晚歸的打零工的工人，就只有住在三樓的徐國昌。

這時候徐國昌已經不需要偽裝了，他一把扯過小鈺，將她懸空夾起拖著帶上三樓。小鈺用力地掙脫徐國昌的胳膊，但力量懸殊實在太大，她正準備呼救就被徐國昌的一隻大手捂住了嘴巴。

「砰」的一聲，徐國昌關上了房門，「怪獸」的血盆大口短暫開合，將小女孩吞了進去。小樓又恢復了平靜，沒有人發現，這裡正困著一個小女孩。

做案當天，到家之後，徐國昌看著眼前哭泣的女孩，心中原本的不忿和怨氣散了一大半。接下來要怎麼辦，他暫時沒有想好，但現在他有足夠的時間。

小鈺一邊抽泣著，一邊哀求徐國昌，希望對方能讓她回家。

「閉嘴，別哭，小聲點。」低聲怒喝和猛烈的耳光，這是徐國昌給出的回答。

小鈺從沒經受過這樣赤裸裸的暴力，她一手捂住自己的嘴巴，一手捂著疼痛的臉，瞪著徐國昌。

徐國昌放低聲音，說：「我並不想傷害妳，只是想找人說說話，只要妳乖乖聽話，過兩天就讓妳回家。」

恐懼和委屈讓小鈺止不住自己的眼淚，徐國昌一會兒低聲安慰，一會兒又凶神惡煞地恐嚇。

狹小的房間裡，和肖慧有點相似的小女孩是如此柔弱，她沒有任何選擇的餘地，也沒有任何抗拒的能力，就這樣被他攥在手心裡。徐國昌再也不會被忽視。他開始有一搭沒一搭地向小鈺傾訴，因為他已經有段時間找不到認真聽自己說話的人了。

勝哥讓他重新講了一遍傾訴的內容，我發現，這是個極度以自我為中心的人，他從來只在乎那些自己被傷害的經歷。

他回憶小時候父母不和，多了一個弟弟之後，給他的關心就更少了。他回憶與女神的異鄉重逢，一開始肖慧還對他溫柔耐心，但隨著時間的推移，徐國昌發現對方態度冷淡，哪怕自己以死相脅，對方也不為所動。

當時，小鈺坐在他對面，安靜地聽他訴說命運的不公，徐國昌覺得很滿足。

他從來沒有想過，小鈺只是一個十二歲的孩子，此時此刻應該待在學校，而不是被綁在陰冷的出租屋，聽一個情緒極端的男人宣洩痛苦。

我很想告訴徐國昌，如果他那時放了女孩，或許連私行拘禁都算不上，就不會發生後來的事。

「至於被抓到會怎樣，明天會怎樣，我那時候還不關心。」他對我們說。

徐國昌沒抓住這次機會，錯誤的選擇，正引他走向另外一條道路。

之後幾個小時裡，徐國昌變了，變得瞻前顧後，他一直監視著小鈺，擔心她逃跑，他越來越像一個真正的綁架犯。藏了這麼大一個孩子在屋裡，兩個人吃飯成了難題。

徐國昌不敢叫外賣，他擔心小鈺向送外賣的人求救。最近的便利商店來回只要五分鐘，但房門不能反鎖，他也沒法放心地外出，只要離開，小鈺就有逃跑的可能。

徐國昌想到一個辦法，他告訴小鈺，整棟樓只有他一個人，逃跑就會被狠狠地揍。然後他假裝出門，躲在門口靜靜地蹲守。

小鈺上當了，她在徐國昌出門後不到一分鐘就試著偷偷開門，換來了徐國昌凶殘的拳打腳踢。如此試探了幾次，小鈺不敢再出門了，徐國昌就快速跑到便利商店買吃的。

再開門時，他滿意地笑了。小鈺捂著挨揍的地方，安靜地坐在床邊。這個小女孩已經徹底被眼前這隻「怪獸」嚇怕了。

窗外已經漆黑一片，微弱的燈光從窗簾的縫隙透過來，外面霓虹閃爍的地方似乎觸手可及，卻又格外遙遠。

她已經在這個小房間裡待了一整天了，看著躺在自己邊上的徐國昌，小鈺一動不動。或許因為，她害怕對方在裝睡。

徐國昌告訴我們，因為擔心小鈺逃跑，他確實沒敢熟睡，大多數的時間都瞇著眼睛看著小鈺。

「當時我就想，這要是肖慧該多好啊。」

第二天早上醒來時，徐國昌伸手往旁邊一摸，空的！他猛地坐了起來，發現小鈺睜著驚恐的眼睛，遠遠地蜷縮在床角。徐國昌用冷水胡亂洗了一把臉，回到床邊拿起手機，肖慧發了訊息給他，說已經買好今天的車票，下午就到。

他條件反射似的迅速回覆女神訊息，在肖慧詢問「是否今晚見面」時，他抬頭看了小鈺一眼。

他亂了。肖慧答應見面，這是自己想要的結果。當下對他來說最好的選擇，就是放了小女孩。雖然構成私行拘禁，但刑罰過後，他的人生還有機會回到正軌。

徐國昌點燃了一支菸，這是他昨天買的，人生中第一支香菸。他在嗆人的煙霧中咳嗽起來，這玩意兒抽起來比他想像的要難受，而且沒勁。

徐國昌陷入一瞬的沉寂，他看著床上那個柔弱的小女孩。該想想怎麼辦了。最終，徐國昌做出了決定，他在手機上敲下了這行字，發送給肖慧：「明天中午，或者後天中午吧，這兩天有事情要忙，到時再打電話給妳。」

徐國昌內心根本沒有放下肖慧，他只是覺得，小鈺還留在房間裡，自己走不開，根本沒法去見人。

他又去昨天的便利商店買了更多的泡麵和飲料，在等待付錢的時候，他聽到老闆和另一個顧客談論起小女孩失蹤的消息。

他低著頭迅速付了錢，拎著東西就往自己的出租屋裡跑，心裡想著難道自己拐走小女孩的事情被人知道了？

在進樓門的瞬間，他就聽到從樓上傳來的腳步聲，一瞬間頭皮發麻，三步併成兩步衝了上去，只見小鈺已經下到二樓的轉角。他立刻丟下吃的，扯著小鈺的頭髮粗暴地把她拖進房間。

教訓完小鈺，他回想起雜貨店老闆談論的內容，氣喘吁吁地點開了這兩天都沒怎麼注意的微信群和朋友圈，到處都是小女孩失蹤的資訊。

他沒有想到事情居然如此轟動。很多家長和熱心市民在自發尋找小鈺，連本地的新聞都在報導，目前已經出動了上百警力。在警方發布的最新消息裡，甚至已經有嫌疑人的照片——他們經過路口時監視器拍下的側臉。

圖像雖然並不清晰，但徐國昌非常確定，畫面裡的人就是自己。為了抓他，整個城市都動起來了。他覺得街上經過的每個人都是員警，而自己就在警方包圍的中心，下一秒就會有人撞開他的大門。

徐國昌天真地以為，自己可以神不知鬼不覺地逃過警方視線。但遇上這種孩子走失的案件，更容易激起人們協助破案的積極性，要想逃過去，可能性是微乎其微的。

現在放了女孩，一切都有挽回的餘地。為了讓犯罪分子能迷途知返，法律還給他們留了最後一絲機會，不至於把他們逼上絕路。

但徐國昌已經喪失理智，他又做出一個讓自己徹底陷入深淵的決定。他扯過一根電源線，勒住了小鈺的脖子。

勝哥與出門丟垃圾的徐國昌撞個正著，打鬥中，他發現自己的牛仔褲上黏著一縷濕漉漉的長髮。

勝哥抬頭看了看眼前被他扭成麻花、上了手銬的徐國昌的齊耳短髮，再低下頭看腳邊散開的垃圾袋，裡面有幾個泡麵碗，還有一大團濕漉漉的長髮。

這團長髮讓他心裡「緊張」一下：雖然抓到了凶手，卻很可能錯過了救援。

我在加入尋找小鈺的隊伍時，並不覺得自己能派上什麼用場。但那一刻眼前的景象，我已經有很長時間沒有遇到了。

我戴好口罩和手套，推開房門，四、五坪的房間內一片雜亂，即使是白天光線也十分昏暗。牆角遺留著吃完後沒有丟棄的空便當，幾隻蒼蠅圍在上面。雙人床上被褥亂捲，衣服擰成一團，一股腥臭味直衝腦門。

我在廁所門口停下了腳步，廁所正中央，一個裝著大半盆水的紅色澡盆裡，漂浮著數十塊肢體，頭顱就放在旁邊的地板上。小鈺遇害了，還被分屍了。對不起，我們來晚了。

作為法醫的我見慣生死，溺水、墜樓、割喉，甚至高度腐敗的屍體也只是普通的日常工作，但是作為父親的我，每次面對兒童的屍體時，心裡都很糾結。她還那麼小，幾乎還沒有見識過世界的美好，就遭遇了如此殘忍的命運。

我打開準備好的物證箱，在心中默默對小鈺說：「別怕，我來帶妳離開這裡了。」

巷口拉起了長長的警戒線，在出租樓旁邊的荒地裡，我們發現了沾染血跡和食物殘渣的校服和書包，那是小鈺的隨身物品。

徐國昌將女孩殺死後，外出買分屍工具時，順手將衣服丟棄在荒地裡。我想起勝哥告訴我在這裡遇到兩隻大老鼠的事，我猜，昨晚勝哥經過這裡的時候，那兩隻老鼠很可能是被小鈺衣服上的血腥味引來的。

如果當時勝哥查到了徐國昌的房間，或許女孩的軀體能夠保持完整。巷子過於狹窄，勘查車只能停在外面的主街道，我將兩個物證箱搬上車。

警戒線外，勘查車邊聚集了很多人，探頭探腦的圍觀人群低聲交流著，隨著我的靠近，那些嗡嗡作響的議論聲瞬間停止，在我經過之後又爆發出更大的嘈雜。

我用力地拉上車門，將那些煩人的噪音隔在外面，將車上的廣播聲調到最大。我不知道圍觀人群中，有多少人曾關注過小女孩的失蹤資訊，又有多少人幫忙轉發、尋找過小鈺的蹤跡。

那些人或許終會忘記她，但我知道，我和勝哥都不會忘。小鈺遇害後的一段時間裡，我們去了很多校園做安全講座，為了讓更多的孩子學會在面對陌生人的時候保持警戒，遇到危險要大聲呼救。

講臺上，同事們告訴孩子要防性侵、防走失，提高警覺。我們反覆強調兩點——哪些地方不能摸，哪些地方不能去。

後來，每年開學季的時候，我們都會舉辦這樣的講座，孩子們可能一次聽不懂，多聽幾次也能了解。

另一個變化是，公安局每年夏天都會組織夏令營，招呼孩子們過來參觀。我們想讓他們知道，員警是保護他們的大人。這些講座和夏令營，就像汽車的安全帶，也許在某一個時刻，就能幫到某個孩子。但我真心地希望，他們永遠用不上這些知識。

這些年，法醫這一行做久了，我看到熟悉的街景感覺都會不一樣。勝哥也是這樣覺得，雖然抓到了凶手，但小鈺經過的路口，那條自己當晚曾駐足的小巷，成了他心中抹不去的傷痛記憶。

我不知道如何開解勝哥，因為那個泛著血水和腥氣的紅澡盆，也不只一次出現在我的夢裡。

我腦子裡的地圖，是由一個個命案現場拼湊起來的。之前還沒有導航軟體的時候，大家通報案發地點，只要說「就在某某案現場旁邊的兩百公尺」，彼此就心領神會了。

但在做偵查的勝哥眼裡，他有感觸的從來不是最後屍體在哪裡，而是犯人和受害者第一次相遇的地方，那是一切悲劇的開頭。勝哥說，案發後的兩三年時間裡，他每次經過小鈺和徐國昌相遇的那個路口，都會停下來，打開車窗，漫無目的地四處看看，那裡似乎還有一個小女孩在等待他去拯救。

03

二十七號命案

如果凶手趁這個時候逃走，我們可能這輩子都沒機會抓到他了。那是我們最後的期限，也是我們必須要過的一道坎。

案發時間：二〇〇八年十月。

案情摘要：家具行工業區邊緣發現一具半裸女屍。

死者：夏小蘭。

屍體檢驗分析：下身赤裸，上身衣物被拉到胸部以上，疑似遭性侵。左額頭有傷口緩緩滲血，死亡時間不長。傷口形狀疑似方形木棍造成，而且位置不高，凶手身高優勢不明顯。

二〇〇八年廣東佛山，最清楚當地發生多少命案的，除了員警，當數大排檔老闆。我所在的公安局對面有個夜市，一到晚上，大排檔就架起燈帶，支開攤位，啤酒、滾粥❹，不停吆喝。

有段時間，案子密得像下雨一樣，每破一個，大家就要去大排檔聚一次。三個月破了二十六起命案，吃的消夜遠不止這個數。那時我剛做法醫四年，那段時間是我記憶中最忙卻最順的日子：剛買下新房，孩子即將出生，當然還有最關鍵的一點，那條「不敗紀錄」——鎖定二十六起命案凶手的關鍵證據，都出自我手。

以前破案靠的大多是偵查員和情報員，他們經常沒日沒夜地在外找線索、追蹤嫌疑人。但那年區裡新建了DNA實驗室，那是我們法醫少有的，能夠直接鎖定凶手的武器。實驗室就像我的福地，自從有了它，我似乎就沒搞不定的案子。從命案現場提取到物證，把資料匯入資料庫，接下來只要輕輕按一下確認鍵，就能比對出嫌疑人。

有人說，勝哥他們辦案的，三年就算老刑警。但我們這些法醫，得十年才算是資深。現在看也確實如此。那時，我還是個資歷尚淺的小法醫，但勝哥已經是外偵的絕對主力

❹滾粥：廣東省廣州市的一種特色小吃，屬於粵菜系。

了。我們算不上搭檔，但經常在現場碰到。

一天早上，我將勘查車停在家具行工業區的邊緣，我們接到報警，這附近發現了一具女屍。匆忙趕到現場，一邊是空置的荒地，另一邊不遠處就是一條小河溝。雖然已是冬天，但河溝一側依然長著半人高的蘆葦草，翠綠且粗壯。

我拎著勘查箱，往草叢中鑽去，草葉邊緣的小鋸齒刮著我的手背，引起陣陣刺痛。草叢裡站著個大高個兒，是勝哥。他先我一步到，正眉頭緊皺，用簽字筆在小本子上記錄著現場情況。

一處被踩踏倒伏的草叢中央，我看到了一個半裸的女孩。她仰面倒在茂盛的草葉上，一條褲腿被脫下來，露出赤裸的下半身，上身衣物也被拉到胸部以上——一個典型的性侵受害者。

我搖了搖女孩已經僵硬的膝蓋，湊近了一些，發現女孩左額頭有一個傷口，還在向外緩緩滲血，說明死亡時間不長，悲劇應該就發生在前一天晚上。雖然這裡距離廠區不遠，但是這條路上沒有路燈，晚上會格外黑。看傷口形狀，應該是方木棍造成的。

我幾乎是下意識聯想起一個月前那兩起強姦案，同樣是偏僻的小路，同樣是高草叢，有個男人專門藏在暗處，看到落單的女工先是拿刀威脅，然後拖進河岸邊齊腰深的草叢裡搶劫、強姦。無論是凶手選取的做案地點，還是採用的做案手法，都太像了。

從女孩的傷口看，凶手是從正面擊打了她的頭部。傷口位置不高，顱骨的骨折也不算嚴重，凶手應該沒有太明顯的身高優勢。這種情況下仍然選擇正面襲擊，這讓我有些意外，說明凶手甚至不屑偽裝和隱藏，對自己一擊即中相當有自信。

女孩頸部圓形的瘀傷暗示我，她曾被人狠狠掐過脖子。我和勝哥對視一眼，換上雙新手套，開始工作。

雖然女孩的衣服上沒有留下什麼痕跡，但我在她身上提取到了檢材。當晚，整個刑警隊都亮著燈，我獨自一人上了五樓，打開了DNA實驗室的門。實驗室是我最熟悉的地方，這裡的結構和布局是我設計的，儀器設備也是我一臺一臺調試的，我能閉著眼睛找到任何一臺儀器，並準確說出它所有的性能和參數。

那時候，實驗室只有四十多坪，按照規模來說，能排進全國十名以內。當然，是倒數的。但對我而言，這裡絕對是除了家人以外，我最寶貝的。市局早幾年就有了DNA檢驗的技術，不過那時還屬於昂貴而稀缺的技術。

隊長天天派我去蹭場地和設備。除了學習DNA檢測技術，我還卯足了勁——籌備自己的實驗室。兩年過去，實驗室總算籌備完成，我在這裡得心應手，創造了二十六起命案的「不敗紀錄」。這個案子是實驗室建成後，我接手的第二十七起命案，說實話，我沒發現有什麼難的，前面二十六起案子都破了，這起會有例外嗎？

對於法醫來說，如果能提取到有價值的物證，工作就完成了一大半。因為檢驗出DNA屬於誰，就相當於掌握了凶手的資訊。至於凶手在哪裡，如何抓到他，那是勝哥他們要操心的事。懷著放鬆的心情，我戴上手套，把從女孩被害現場提取來的物證，剪下米粒大的一塊，放進試管裡。

我相信，只要耐心等上五個小時，就能揭曉這三起連環案的謎底。

與此同時，勝哥正在現場附近的那片工業區裡忙得暈頭轉向。勝哥調查到，女孩名叫夏小蘭，在距離案發現場不到五百公尺的隆盛家具行上班，那兒自然成了勝哥重點搜查的區域。

到了家具行，勝哥前腳剛踏進加工廠，後腳就趕緊退出來。工廠裡油漆味刺鼻，地面上隨處可見刨花。他下意識想到女孩頭部的傷口，能夠造成那樣傷口的方木棍，廠裡到處都是。

電鋸刺耳的聲音混合著其他噪音在工廠裡迴蕩，幾十個工人正在幹活。雖然外面的氣溫不到十度，但此刻工人們頭上都在冒汗。

這座工廠距離案發現場最近，會不會是工廠同事趁女孩下班，尾隨做案？

「老闆在嗎？公安局的，來問點事。」勝哥大聲吼了一句。工廠角落，一個年近五十的女人從辦公室裡探出一張圓臉，示意勝哥過去。

「真晦氣，又死一個。」

女人是工廠的老闆娘，她皺著眉頭告訴勝哥：「前幾個月廠裡才有一個工人睡覺睡死了，這回這丫頭又被殺了。」老闆娘撇著嘴，忿忿地盤算著自己需要出多少喪葬費。

對於這個在自己廠裡打工的女孩，她平時並沒有怎麼留意，還是在和女孩同辦公室的會計的提醒下，她才把「夏小蘭」這個名字和被殺的女孩連起來。在會計的描述中，勝哥大概勾勒出了夏小蘭的基本情況。夏小蘭是江西人，十九歲，在廠裡工作已經兩年。她很能吃苦，男人能幹的活她幾乎都能幹。最近廠裡加班趕工，她經常上夜班。

夏小蘭一個人住，沒有男朋友，家人也都在老家，女孩每月都把錢寄回去，沒聽說與人有經濟糾紛，更談不上有什麼仇家。這個生活軌跡簡單的女孩，看上去只是運氣不好被人盯上了而已。但這些資訊對勝哥來說並不簡單。越是看似隨機的犯案，就越難查到直接的線索。

勝哥推開辦公室的門，打量著熱火朝天幹活的工人們，清一色的青壯男性。

像這類生產純木桌椅的家具行，工人基本都是青壯男性。除了老闆娘和女會計，夏小蘭可能是廠裡唯一的女性了。

在這種男人堆的地方，一個稍微有點姿色的女孩，必定是所有目光的焦點，凶手很有可能就藏在被害人身邊。

這時，有個身材矮小的工人提著兩個油漆桶從勝哥面前經過，眼神不偏不倚落在勝哥胸前的警官證上，他忽然低下頭，加快了腳步。勝哥心裡「緊張」一下，辦案直覺告訴他：這個小工有問題。

他緊盯著那個背影，果然，小工在轉彎的時候又悄悄回頭看，正好對上勝哥的視線。勝哥算準時間，在工廠外的小巷子裡堵住了下班的小工。小工渾身上下散發出濃重的油漆味，一見勝哥，低著頭就要從旁邊擠過去。好在巷子窄，勝哥猛地把人推到牆邊，擰手、抻胳膊、搜身，嘩啦一下就給他上了手銬。

對付這些人，勝哥幾乎是一套動作就把人拿下。按照他的經驗，狹路相逢，趁著對方猶豫的工夫，先把人制住，可以避免九成的危險。而且突襲之下往往有奇效，很容易突破對方的心理防線。他就曾不止一次在拿人的瞬間，「炸」出對方的底牌。

但這次，勝哥出錯了。可疑的小工沒等勝哥開口，先主動交代了。審問時，他說自己前一天下班之後，吃完晚飯就回了出租屋，三個同行的工友可以作證。並且，他的行動軌跡和案發現場的方向也完全相反。

他承認自己幻想過和夏小蘭在一起，但最多和其他工友一起開開玩笑，從來不敢單獨和女孩說話，他說：「我知道人家看不上我。」

「那你見到我慌什麼？」勝哥有些憋屈地問。

「我們老家那邊有傳聞，到過凶案現場的人身上可能跟著鬼，我怕小蘭纏上我。」

這個說法讓勝哥覺得有些可笑，但是他卻笑不出來。弄錯了嫌疑人，這對他一直很看重的辦案直覺是個不小的打擊。或許也正是因為這次失敗，才讓勝哥加大力度，開始了真正的「大動作」——他把附近活動的流浪漢、吸毒人員一口氣都納入了調查範圍。

按照常規的偵查思路，沒有直接的嫌疑對象，有類似做案前科的嫌疑人都是重點。但如此一來，搜查越發困難。因為這些人身上不少都背著案底，回答問題總是躲躲閃閃。

我的師父曾經告訴我，偵查和法醫做實驗是不同的。「偵查講究的是快，重拳出擊。我們得慢，做實驗就得按部就班，每一個步驟都不能省略，一次做好才是真正的快。」

提取到夏小蘭身上的物證後，我第一時間開始了檢驗。現在這個案子最關鍵的物證，就在一個小玻璃管裡，那裡面有我想要的答案。

加水、攪拌、插入試紙條。液體一點一點浸潤了試紙，兩條深紫色的色帶慢慢顯現——陽性，有精斑留下。很好，一切都跟我想的一樣。女孩的陰道裡找到了男性精斑，胸部也檢驗出同一個男性的ＤＮＡ。

隔著口罩，我感覺自己呼出一口氣，身體也隨之放鬆。接下來，只要拿著這個結果去ＤＮＡ資料庫裡比對，找到對應的人，這案子就結了。

但當我像往常一樣輸入檢驗結果後，螢幕上只有一片空白：沒有匹配的人。凶手的資料不在資料庫裡，這傢伙居然沒有前科。我的比對失敗了，只能寄望於勝哥的調查。

我將這個消息告訴勝哥，電話那頭，他喝斥著審訊對象，讓對方小聲一點，然後又拉近聽筒說，他會儘快把嫌疑人找出來，送樣本給我比對，說完就掛掉了電話。

勝哥沒有告訴我的是，他也遇上了大麻煩——他的辦案直覺好像失靈了，調查進度一無所獲。

勝哥決定擴大搜查範圍，他在地圖上畫了一個圈，半徑兩公里幾乎涵蓋整片家具行工業區，旁邊還有成百上千的出租屋，涉及的人員近萬人。這樣的調查無異於大海撈針，案件正在一點點偏離我們預期的方向。

快到年底，之前的兩起強姦案還沒個眉目，這起同樣手法的殺人案也陷入僵局，任誰心裡都憋著一股勁兒。

越是沒有頭緒，勝哥越像發了瘋。他開始用警用小麵包車一趟一趟把人帶回局裡，那架勢像是要把整個廠區掀個底朝天。清查廠區出租屋大概是勝哥一天中脾氣最差的時候。出租屋裡住的大都是工人，勝哥因為要趕著他們在家時去查，不是要起大早，就是深更半夜睡不了覺。

那幾天，這些明明是員警的大老爺們都過得跟賊一樣。他們蹲守在出租樓下，見人家一關燈就知道睡了，人一定在裡面。勝哥就帶著手下的小弟兄挨家挨戶敲門。

被清查的工人們常常一肚子怨氣，早早睡下的被吵醒不說，一個個暈頭轉向地就被拉進車裡。他們被帶回派出所採指紋，甚至扎手指、採血，過程慢而繁瑣。派出所離廠區有段距離，後半夜早就沒有公車了，廠區偏僻，計程車半天也看不到一輛。調查完的小工們擠在派出所門口，哆哆嗦嗦地問：「我們怎麼回去啊？」

我問勝哥能不能安排人手把他們送回去。說完勝哥才反應過來，招呼治安隊員把人都送走。

那段時間，幾乎調查範圍內的所有男性都被帶回來，我一晚上要扎四、五十個工人的手。以往的案件，我只需要做和嫌疑人的比對就可以了，搜查歷來都是勝哥他們的工作。現在，憑空增加的工作量讓我十分疲憊，更糟糕的是，我發覺自己的心態漸漸起了變化：驗的樣本越多，我越慌。

原先手裡那份「萬全」的嫌疑人數據，說明我破獲了二十六起命案，怎麼現在就失靈了呢？

我總覺得，能犯下連環罪案的凶手，應該是有前科的，該被記錄到資料庫裡才對。有時我會突然愣住，擔心凶手是不是在初期搜查時就被漏掉了，不然怎麼這麼久還沒結果。

無意間聽到的消息也會讓我心裡打鼓。有個法醫同事因為檢驗出了錯，把嫌疑犯搞錯了。我趕緊翻出夏小蘭案件的物證，重新一一檢驗，結果和之前的一模一樣，我卻開心不起來。

被拉來做採集的人越來越多。大家心裡都明白，對自己的猜疑越多，對案子的把握就越少，我們已經開始盲目了。

正當我們萬般糾結的時候，一個突發的通報讓我們為之一振。某天傍晚，在夏小蘭被害現場附近的一個小公園裡，又有一個女孩被人搶劫強姦。幸運的是，她還活著！

那個隱藏在暗處折磨我們多時的凶手，終於要露面了。

我們趕到公園的時候，太陽已經下山，稀疏昏黃的路燈讓公園的小路顯得格外幽靜。跟著帶路的治安員，我在樹林邊看到了那個死裡逃生的女孩。

那是我遇過最冷靜的當事人。女孩看上去只有十六、七歲，紅著眼睛，安靜地坐在石階上，衣物上滿是塵土，她正在一點點摘掉長髮上的雜草和落葉。

我蹲下來，詢問了案件的細節。傍晚時分，女孩正獨自一人在公園裡散步，三個二十歲左右的青年攔住了她。在搶走現金和手機之後，其中一個男人把她拉到樹林深處侵犯了她。另外兩人試圖繼續的時候，被經過的路人發現，三人隨後逃離了公園。

做案的居然是個小型犯罪集團？有三個人？女孩細緻地描述了幾個犯人的衣著特徵，甚至連其中一個男子衣服上的字母圖案都記得清清楚楚。在慌亂的情況下，能夠記住一個人大概的相貌衣著都很不容易，女孩卻能在遭遇侵害後始終保持冷靜，這十分難得。雖然不遠處就有公廁，但她並沒有去清理身上的痕跡，因此所有物證都被完好地保留下來。

我和女同事帶她去醫院檢查的時候，女同事握著女孩的手告訴她：「證據在，這些混蛋跑不掉的。」

當天晚上，根據公園門口的影片，勝哥他們就找到了那三個人的蹤跡，隨後就在一家網咖裡抓到了其中一人。

三個年輕人是同鄉，從老家過來之後沒找到正經工作，又沒有其他技術，整天在城中村裡晃悠。還沒等勝哥發揮出審訊技巧，被我們抓到的那人直接大喊要招供，不僅交代了整個犯罪經過，甚至連在出租屋偷看女生洗澡的事都說出來了。

唯獨關於夏小蘭那起命案，他一個字都沒有提。

最後一棒又交到我手裡，所有人都在等ＤＮＡ比對結果。我在心裡默默祈禱，希望這次能像之前的二十六次一樣。把資料登錄到資料庫裡時，我的手有點抖。

可是結果讓所有人失望了，嫌疑人的ＤＮＡ與命案現場凶手留下的並不吻合，這只是一起和夏小蘭案毫不相關的強姦案。無論多麼迫切，證據就是證據。我們讓凶手溜了。

勝哥身上的菸味越來越重，滿臉鬍子，黑眼圈疊了一層又一層。我知道，我們擔心著同一件事。眼看年關就要到了，所有打工的人都要回家，如果凶手趁這個時候逃走，我們可能這輩子都沒機會抓到他了。那是我們最後的期限，也是我們必須要過的一道坎。

年味越來越濃，工廠陸續停工，出租樓也接連關門閉戶，拖著大包行李返鄉的工人一批接著一批。返鄉的工人們成群結隊散去，我甚至想站在人群的最前方張開手臂，攔住他們。可人群一眼望不到頭，我也沒法那樣做，我只能眼睜睜看著破案的希望隨著人潮被一併帶走。

我能做的只有努力地去看、去記每一張臉。他們不確定來年是否還會回到這個地方，我們也不確定凶手是不是混在返鄉人潮裡，再也不回來。留給我們的時間越來越少。

勝哥已經盯人盯到「眼紅」，隔三差五就出門調查，到處撿拾被人遺落的「ＤＮＡ」。最典型的一次，一群工人前腳從工棚出去，他後腳就拉著我進屋，把工人們剛剛扔掉的菸頭一一打包。

我盤算著這些物證的數量，忍不住問勝哥：「你的意思是，全部帶回去比對？」這起案件檢驗的ＤＮＡ樣本已經突破三百份，再這麼幹下去，即便把隊裡全年的技術經費都砸進去，也堅持不了三個月。

勝哥倚著門框，看著我把菸頭一個個裝進物證袋，說道：「別人命都沒了，我們能不拚命嗎？錢的事，我再找隊長說說。」

我們都知道，案件已經陷入死局，我們的做法達成的效果微乎其微，但我們不能停下。夏小蘭案的專案組只剩下四個人，而年關就在眼前。

勝哥登記了案發現場附近幾乎全部人員的資訊，名單厚厚一疊，上面有好幾千個名字。他打算年後對照這份名單核查返鄉的工人，看看哪些人沒回來，再重點去查。這種大海撈針似的做法成了當時我們唯一的選擇。

我們曾反覆刻畫過凶手的形象，推測他的體型特徵，但是越研究，凶手的樣子越模糊。他就是一個普通人，長著一張普通的臉。

春節假期一結束，廠區剛開工，勝哥就對照年前整理的那份大名單開始清查，但剛查了兩個廠，就被隊長喊停了。跟進夏小蘭案的外偵弟兄一個個都投入新的案件了，就他手裡還處理著去年的舊案子。

「去年的案子破不了是問題，今年的案子就不是問題了？這個區今天冒出個飛車搶劫，那個區昨天又砍死人了，夏小蘭的案子要管，那李小蘭的案子管不管？都盯著舊案子，新案子還怎麼破！」

勝哥把名單塞進了櫃底，還有更多的真相等待著他去查明。後來勝哥約我吃飯，酒過三巡，他突然湊過來搭著我的肩膀，迷迷瞪瞪說：「那小子肯定還會現身的！我相信你，一定能抓到他！」說完一仰頭，乾了大半瓶。

現實是，誰也說不準案子能不能破，什麼時候破。凶手並沒有像我們期待的那樣露面，他消失了。但勝哥提出的方法，可能是對的。

一晃三年過去了，我在北京市公安局法醫檢驗鑑定中心學習時，他們的轄區剛好發生了一起強姦殺人的案子，凶手在現場留下了精斑。

警方劃定了範圍，出動上千警力，採集了搜查範圍內五千個男性的DNA樣本。每晚十點，法醫們會準時收到當天採集好的DNA樣本，然後連夜檢驗出結果。上千人不眠不休地通力配合，這之前是我所不能想像的。

「DNA人海戰術」奏效了。檢驗進行到第十四天，在比對了三千八百多份樣本之後，凶手現身了。我為他們的執著和投入所感動。在這之前，我覺得夏小蘭案中調查幾百份DNA樣本已經算是下了大力氣。現在看來，我們的魄力還遠遠不夠。

我開始相信勝哥提出的大名單調查方案。其實早在這之前，我就已經開始嘗試他的方案。有次我碰巧路過夏小蘭案現場附近的天橋，看到十幾個搬運工正蹲在橋底等著工作。這些人在廠區活動，但是並不算工廠的固定員工，沒有被工廠登記在冊，流動性極大。

思索了一會兒，我開始像勝哥當初偵查一樣，跟路口的摩托車工和小貨車司機對視：這些人的眼神不對，會不會也進過廠區？

看著看著，我突然覺得自己必須趕緊打電話給勝哥，問他有沒有調查過這類人員。勝哥聽完，只是笑了笑：「你魔怔了，看誰都像凶手。」

從北京回來後，只剩下我一個人還在跟進夏小蘭案。我重新審視案件的所有物證線索：凶手的ＤＮＡ資訊是我檢驗出來的，資料是我登記入庫的，連資料庫裡留的聯繫電話都是我的。這起案子成了我名副其實的「天字一號案」。

二〇一五年，我們開始清理未破命案，那些厚厚的牛皮紙檔案袋得以重見天日，當然也有我的那一起。斷斷續續進行的清理工作，讓十幾起沉案陸續被偵破，這些案件大多是通過ＤＮＡ比對和指紋比對破獲的。

隨著一個個凶手落網，我給一份份檔案出具了鑑定書。結案、歸檔，長長一列未破案件的檔案裡，夏小蘭案的檔案袋從最前面，慢慢被壓到了最後面，然後又再一次被我移到最前面。

當事人會說謊，目擊者會遺忘，影片會被覆蓋，但凶手的ＤＮＡ資訊不會變，只要它在那裡，哪怕十年、二十年，我都能把他揪出來。

我在等一個機會。那些年，我投入更多的精力去破小案，以積累更多的ＤＮＡ樣本，不斷更新調查人員資料。案發現場附近成了我重點採集的區域，周邊地區只要發生類似的攔路搶劫強姦案，我會第一時間去比對。

後來，只要有外偵的弟兄去外省出差，我都會拜託他們帶上資料去當地比對，我總擔心凶手的資料沒有被當地及時登記入庫。

每次有新的DNA檢測技術應用到法醫工作中，我也會翻出這個案子去試試。

我總會想起勝哥的那句話：凶手還會出現的。

那一天，到底還是來了。二〇一九年三月的某一天，我剛從短暫的午睡中回過神來，辦公桌上的手機就震個不停，那是一個歸屬地顯示為貴州的電話。

簡短地介紹完身分，電話那頭的人說了一句我等待了十年的話——

「我們這裡有一宗系列搶劫強姦案的物證，比中你們二〇〇八年夏小蘭案凶手的DNA了。」

我猛地放下杯子，一邊詢問著案情，一邊迅速點開DNA資料庫的網頁。距離夏小蘭被殺，已經過去了十年四個月又八天。那個反覆出現在我夢裡的案件，終於有了轉機。

雖然還不知道他的具體身分，但貴州警方已經鎖定了凶手的居住範圍，確定了凶手的樣貌體態，那張一直模糊的臉終於被勾勒出最關鍵的幾個細節。

我細細詢問著貴州那邊的案件情況，對方乾脆把物證的DNA圖譜發了過來。看到圖譜的那一刻我終於確信，當年在現場物證中檢驗出的DNA資訊沒有讓我失望。十年等待，我終於摸到了他的尾巴。

我按捺住激動的心情，撥通了勝哥的電話，大叫道：「二〇〇八年夏小蘭案裡凶手的DNA比中貴州的案子了！」

電話那頭沉默了兩秒，大約是還在咀嚼我那句話，然後突然傳來勝哥升了兩個調的聲音：「那個案子？對出來了？」

沒等我答覆，勝哥已經掛斷我的電話，不到兩分鐘，我辦公室的門被徑直推開，他三兩步衝了進來。勝哥從我手上接過當年的檔案，又找出壓在櫃底自己寫下的偵查筆記，當然還有那疊厚厚的名單。

十年之後，我們再度踏上追凶之路，這次是我和勝哥兩個人。勝哥第一時間飛去貴州，他覺得自己的直覺回來了。

他和當地的警方穿著便衣，找到了那個半山腰上的農家小院。山石砌成的圍牆，院門虛掩著，勝哥站在院門邊，口袋的手銬把褲子墜得有點歪，他做了兩個深呼吸，又緊了緊腰上的皮帶。這一刻，他等了十年。

輕輕推開院門，院子裡一個臉上髒兮兮的小男孩扭過頭，呆呆地看著勝哥他們進來。正屋門口，一個老人正在打瞌睡，屋裡空空蕩蕩，再沒有其他人。

勝哥他們撲空了。老人說，兒子和兒媳兩天前剛剛離開家回廣東打工去了，家裡只剩下他和小孫子。勝哥忽然覺得有點好笑，自己千里迢迢飛到貴州，算起來，凶手是在同一天離開這裡，坐火車去了廣東。

之後他們採集了嫌疑人父親的ＤＮＡ連夜檢驗，資訊比對的結果顯示：完全吻合。那組在資料庫裡靜靜躺了十年的資料，終於在這一刻成了套在凶手身上的鐐銬，這個家的男主人就是十年前在小河邊殺害夏小蘭的凶手。

勝哥第二天就坐飛機趕回來，但這個案子像是註定要留下些遺憾給他。他剛下飛機就接到消息，凶手已經先一步被刑警隊的同事抓獲了。抓人的地方，距離當初夏小蘭被殺的地方，不足四公里。

凶手不僅當時沒有走，甚至這十年來的大部分時間都在那個工業區裡打工。那年，他殺害夏小蘭之後，因為沒有搶到錢，一直留在附近的家具行打工。勝哥搜查過他所在的家具行，但當時混在工人中的他並沒有引起勝哥的注意。

因為他只會做木工，老家沒有什麼賺錢的機會，老婆又剛剛生產，正需要用錢，年後他便又回到了廣東，這讓他順利躲過了勝哥對未返回人員的調查。

殺害夏小蘭的第二年夏天，他騎著一輛二手摩托車撞上了路邊的花壇，造成頭骨粉碎性骨折。這本是一個讓我們發現他的機會，但因為是自負全責，員警並沒有太多介入，他草草處理之後就回老家療養了。療養持續了兩年，而那兩年，恰巧是我們對案發地附近進行撒網式調查的時候。

茫茫人海中，他一次次從我們眼皮底下逃脫。除了發生交通意外那次，這些年，他沒有和員警說過一句話，上街都會繞開派出所。但是現在，十年了，兜兜轉轉，一切都回到了原點。

第二天白天，派出所留置室裡隔著一道鐵柵欄，我和勝哥終於有機會跟這個我們找了十年的男人面對面。我本以為自己的心情會非常激動，但那一刻我卻格外平靜。

那確實是一張普通的臉。凶手名叫韋金重，體型精瘦，一七〇公分左右的身高，穿著灰色的夾克和黑色的長褲，說話帶有明顯的地方口音。在我的記憶裡，那是勝哥職業生涯中審訊時間最長的一次，總共十幾個小時，日夜顛倒。

起初，韋金重並不承認自己的犯罪行為，回答都格外簡短，像是怕洩露什麼祕密，不說話時就抿著薄薄的嘴唇發呆。關於十年前的事情，他什麼都不說。確實，這是最穩妥的辦法，十年時間會模糊很多東西，我們也做好了他抵賴的準備。

只是凶手可以沉默，證據卻能發聲。陸陸續續拋出的物證一寸寸擊潰了韋金重的防線，十幾個小時的沉默抵抗後，他最終承認自己殺害了夏小蘭。

他已經記不起做案的那天到底是哪一天，只記得那個晚上格外的冷。晚上九點多，身無分文的他帶著一把菜刀出了門，老婆在家待產，他想弄點錢，想來想去，最快的方法就是搶劫。

他在家附近選了一條又黑又偏的小路，等了很久，騎著車的夏小蘭從路的一頭出現了。看著對方孤身一人，他從草叢裡躥出來攔住了她，問她有沒有錢。他舉著菜刀威脅夏小蘭，夏小蘭試圖騎車逃跑，韋金重在兩人錯身而過的時候，用刀背狠狠砸向女孩的頭。他把女孩拖到旁邊的草叢裡，迅速搜了她的衣物，一無所獲。但這個時候，他已經不關心有沒有錢了，看著沒什麼反應的女孩，他覺得心裡有什麼在翻騰。趁著女孩沒有任何抵抗能力，他脫掉了對方的衣服。

韋金重的交代僅止於此，對於那段時間另外兩起相似手法的案件，他始終不肯承認。「有證據你就弄我，怕啥。」他抬起頭，語氣平靜，眼神卻帶著深深的挑釁。

韋金重的話像是迎面給了我一記重拳。關於另外兩起案件，我有太多遺憾。根據兩個被侵害女孩的描述，兩起案件的經過和做案手法幾乎一模一樣，嫌犯很可能是同一個人。只是被侵害的女孩都是第二天才報案，已經洗過澡，洗了衣服，甚至連手指甲都剪了一遍，沒有留下任何有價值的物證。即便他嫌疑再大，我們也沒有任何確鑿的證據能證明這一點。

審訊結束後，我們帶韋金重去指認案發現場。他戴著手銬和腳鐐，走得很慢。當年的小路已經變成寬闊的水泥路，那片荒草地如今已被人工綠化草地所替代。我們只能根據周邊的河流和電線杆，推測當年夏小蘭被殺的具體位置。

夏小蘭當時所在的工廠已經搬遷，取而代之的是一個居民區。來往的居民好奇地打量著我們一行人，他們並不知道自己每天散步的河邊，曾經發生過什麼。只有我看著不停息的河流，彷彿又回到了十年前，那片深深的蘆葦叢裡，赤裸的女孩還躺在那裡。但是我知道，今天過後，她再也不會出現在我的夢裡了。

貴州的系列搶劫強姦案最終也被認定是他所為，但我們這邊的那兩起案件由於沒有直接證據，加上案發時間過於久遠，被害人無法準確辨認凶手，最終無法認定。雖然有些小遺憾，但更多的是解脫。

押著韋金重回看守所的時候，他在車上問了勝哥最後一個問題：「是不是這回我不幹這事，你們就抓不到我？」

「你能忍住不幹壞事？」勝哥拉著他的手銬，把他推進了看守所的大門。

04

無證之罪

是的，我習慣了失望，卻依舊放不下期待。我心底已經做好了打算，哪怕案件送到了檢察院，只要一天沒有開庭，一天沒有審判，我就一天不會停止。

案發時間：二〇一二年十月。

案情摘要：一個放牛老漢在河邊樹林中發現一具無名白骨屍。

死者：？

屍體檢驗分析：上半身完全白骨化，雙腳、小腿殘留些許乾癟肌肉及皮膚。頭骨無傷，骨盆、四肢無骨折，基本排除交通意外後棄屍。指甲短且乾淨，足底未徹底腐敗，無老繭，非流浪漢。頸椎骨骼見三道平行切痕，刀殺？

一個正常的成年人全身共有二〇六塊骨頭，堆在一起看著不多，提著也不重，但如果把它們平鋪開來，在一張長兩百四十五公分，寬一百一十一公分的解剖臺上，居然會擺不下。這是一具白骨屍帶給我的新發現。

前一天下午，一個放牛老漢在河邊小樹林裡發現了這具白骨屍。我們抵達河堤公路時，鎮上報案中心隊員的一個民警和一個輔警正坐在路邊的車裡吹冷氣。

「你們趕緊把屍體運走看看，這天氣太熱了。」

屍骨被發現的位置距離河堤公路五十公尺左右，民警領我們鑽進小樹林，沿著坑坑窪窪的小路，繞了好幾個彎才到現場。當時，白骨屍就「躺」在那裡，上身的T恤完全分辨不出原貌，也沒有任何能證明身分的東西，又一個「無名氏」。

這種屍體幾乎是貫穿廣東整個夏季的「特有產物」。三十多度的高溫，小河邊偏僻的樹林裡，有人自殺，也有人吸毒致死，當然，更常見的是病死的流浪漢。

這類屍體往往沒有家屬，沒有圍觀群眾，沒有人過問，平均一個月我能接到三四具。處理得多了，大家也就見怪不怪。拍照的同事似乎也覺得這些骨頭不值得費太多功夫，對我說：「隨便擺擺，拍幾張就可以了吧。」

我看了眼手機，已經到下班時間了。身上的白襯衫已經濕透了，我有些後悔中午把警服送去了洗衣店，它被早上剛看的一具浮屍熏得發臭，不得已我才穿自己的衣服來看現場。回去趕緊把襯衫塞進洗衣機裡，多加點消毒水，我滿腦子都在想這事。

「速戰速決。」聽我催促，拍照的同事將拿出來的物證編號牌又塞回袋子，和我七手八腳收攏起散落的骨頭。

回到解剖室，我拉開黑色屍袋的拉鍊，大塊的、小塊的、長條的骨頭亂七八糟地摻在一起，像套散了架的拼裝玩具。解剖臺放不下這具屍骨，我在地板上攤開一張白色床單，開始「拼圖」。

先是顱骨，我用雙手把它從屍袋裡捧出來。這是個極其漂亮的顱骨：沒有頭髮，完整、乾淨，讓我一瞬有種拿骨骼標本的錯覺，而不像在驗屍。再是骨盆，接著是四肢、椎骨和肋骨。

他的上半身已經完全白骨化，僅有雙腳和小腿殘留些許乾癟的肌肉和皮膚，讓人聯想起賣肉攤販掛的連著筋膜的牛羊骨架。一幅「人骨拼圖」一寸寸在我眼前顯現，可關於他的一切，我還是一無所知。

白骨屍是屍體中祕密最多的，也是法醫鑑定起來最難的。因為軀體基本腐敗殆盡，留給法醫的有價值資訊最少。拼得越完整，我越困惑。頭骨無傷，盆骨和四肢無骨折，基本排除交通意外後被棄屍於此。

我撿起面前那些因為腐敗而脫落的指甲，又看了看屍體的足底。指甲很短且乾淨，足底還沒有徹底腐敗，也沒有長期赤足形成的老繭，死者生前應該不是流浪漢。那是自殺者或吸毒人？

我在腦子裡拚命回想著昨天的現場，是不是遺漏了什麼？當時天色漸漸昏暗，我最後回頭看了一眼屍體被抬走後留在原地的凹陷，裡面有灰褐色的蛹殼層層疊疊堆積著。哪兒不對勁？

正當我回憶著昨天哪裡出了問題，解剖室地上白骨屍的頸椎骨骼上，一塊汙跡闖進了我的視線。昨天的現場和解剖臺上的白骨屍在我眼前漸漸重疊。

等等！沒有針頭，沒有繩索，沒有刀具。現場既沒有吸毒用具，也沒有自殺工具！人是怎麼死的呢？

我拿起那塊骨頭猛地站起來，或許是蹲得太久，我一瞬間眼前發黑，緩了一會兒才走到水池邊，小心地用水清洗那塊汙跡。水流不斷沖刷，汙跡越來越淺，三道平行的切痕露了出來！我的心跳一瞬間快了起來，但卻不敢確定。

解剖室裡光線昏暗，我快步走到室外，將那塊骨頭衝著太陽。陽光下，骨骼上的幾道切痕清晰可辨。有人曾經用刀狠狠割過死者的脖子，這是一起凶殺案！我最怕的就是這種一開始根本沒有被認定成凶殺案的現場。因為我甚至不知道，什麼時候，在哪個位置，自己可能無意間已經破壞了現場。

我開始氣惱，被害人是誰？又是誰下了這麼狠的手？案件性質因為這三道不起眼的切痕發生了天翻地覆的變化，我們已經耽誤了不少時間。

解剖室裡，每個人的臉色都很難看。一起殺人命案和一起普通猝死案，現場勘查的方向與方法有天壤之別，我必須重新回到現場，弄清楚白骨是誰，還要找到凶手。

第二次抵達現場的時候，我的心情沒法像昨天那樣輕鬆。樹林周邊已經被警戒線圈了起來，河堤邊停了六七輛警車。上次包括我在內只有三個技術人員，這次我們出動了兩個組，六個人。

我遠遠地和專門負責命案偵查的外偵弟兄們打了招呼，朝屍體原來的位置走去。通往林子深處的那段路依舊難走，太陽的炙烤再加上神經高度緊繃，我再一次渾身濕透。

位置這麼偏，基本可以確定不是棄屍，因為從公路到河邊的距離比到樹林更近。抬著一具屍體走這麼遠的路，體力上難以支撐，況且把屍體搬進樹林，不如直接丟進河裡，更不易被察覺。

現場正中，那個淺淺的泥坑是屍體搬走後留下的。坑裡早已被腐敗液體浸透，加上旁邊的小垃圾堆，燥熱的空氣中，一種怪異的混合腐臭味縈繞在我們四周。

我翻開一層層垃圾，給那一堆不知道有沒有用的「破爛」編號、拍照，從一號到三十號，連周邊的樹都沒有放過。

物證編號牌用光了，乾脆拿便簽寫上數字臨時充當編號牌。勝哥戴著口罩朝我走過來。他張口就直接逼問我要點：「死了多久了？」

我用長柄鉗子再三確認屍體原本的位置沒有其他東西，然後脫掉一層手套，只剩最裡面那層，捏起泥坑裡一個蒼蠅蛹殼，用指尖輕輕撚動。

灰褐色的蛹殼已經完全脆化，不需用力就變成了粉末。再綜合考慮時間和天氣，可以大致估算出，屍體在這片小樹林裡放置的時間超過兩個月。

上學時，我總覺得老師講死亡時間推斷很神奇，等我成為法醫之後才發現，這就是個「世紀謎題」，沒人能給出準確答案。

我扔下手裡的蛹殼，給了勝哥一個保守的回答：「死亡時間確定超過兩個月，但不超過一年。」

勝哥立刻不幹了，喊著：「這怎麼查？時間跨度也太大了吧！」

他蹲下來湊到我邊上，輕輕用肩膀撞了撞我。這是摸準了我肯定有比書本上更大膽的「私人建議」。

對於廣東的天氣，我挺無奈，就像老天爺額外給我工作增加的難度。冬天即便只出兩天太陽，氣溫也能飆到攝氏二十六、七度，在這裡冬天穿T恤出門並不奇怪。

「先查今年四月份之後的吧，年初還是挺冷的，應該穿不了T恤。」

時間範圍縮小了一半，勝哥滿意地走了，留下我對著幾箱標了號、散發著惡臭的物證發愁。

第二次從現場回來，我開始細細清洗那件屍骨上的T恤。T恤已經有些腐敗脆化，我不敢使勁搓，更不能用力擰，只能開著水龍頭用流水沖。從大學畢業後就沒怎麼手洗過衣服的我，小心翼翼揉洗了兩遍這件「屍骨衣」，T恤依然漆黑一團。我將它撈起來，翻出內裡，那裡還沾著一些蛹殼，以及更多難以分辨的腐敗組織。

從現場帶回來的幾箱垃圾裡，這是我最「寶貝」的一樣。雖然衣服已被腐敗的屍體浸潤，又因為風吹雨淋變成了黑乎乎的一團，但正面隱約可見的兩個大寫字母讓我忍不住興奮。有明顯標識，衣服的辨識度很高，說不定家屬能認出來！

我拿出一張塑膠布，把T恤平整地鋪在上面，將蛹殼一個個摘下來，又用刀片輕輕將上面附著的不明組織刮下來，然後把洗衣粉一點一點塗抹到那些有明顯汙跡的地方，一個地方一個地方處理。

終於，浸泡T恤的水不再渾濁。我摘掉手套，把一個半小時的勞動成果拍照傳給了勝哥，攤平的灰色T恤正中央，兩個大寫的字母清晰可見——「FE」。

無名白骨屍的第一封協查通報終於發出去了，我們都在等那個能認出這件T恤的人。

勝哥調查了轄區裡近一年的失蹤事件，但是來認屍的三四家都對不上。屍源的查找範圍從本地轄區擴大到了鄰市。

白骨化屍體的優勢是，恥骨聯合煮起來特別省事，這道工序能幫我準確判斷死者的年齡。但弊端也很明顯——面對一堆骨架，就是親媽來了也難以認出死者。一週後，依然沒有人來認領屍骨。

我預料到這個案子會成為一塊難啃的骨頭，畢竟死亡時間越長，遺留在現場的物證和線索越少。除了目前這些手段，只剩下「顱骨復原」。這是一種通過顱骨形態，結合剩下肢體的脂肪厚度，繪製死者原貌的技術。但因為很難準確還原五官和髮型，偏差較大，我實在不想用這一招。

那件已經被我清洗到極限的T恤還在那裡，衣服上凌亂的破口和皺褶總讓我越看越惱火。眼下，T恤是最有可能確認白骨屍身分的物品，我突然冒出一個想法，打算進行一次「前無古人」的嘗試。

第二天，當我把一個男性塑膠模特兒扛進公安局大門的時候，所有同事投來詫異的目光。門口警衛笑著過來攔住我，問道：「是不是嫂子準備開服裝店？」我搖了搖頭。

警隊裡一幫小夥子沒人擺弄過這種東西，大家熱情高漲，手裡沒工作的都跑到天臺上來幫忙，七手八腳把「人」組裝了起來。我把死者的T恤小心地套了上去。大家圍著塑膠模特兒轉著圈看，都覺得新鮮。照片拍出來的效果出奇的好。

有了照片，接下來就是修片。T恤上的破口、汙跡浸染嚴重的色塊都需要修復。我之前玩過攝影，這次一邊在網上搜修圖教程，一邊自己慢慢鼓搗，當天晚上花了兩個小時，終於將新拍的T恤照片修好，傳給了勝哥。

勝哥立刻發出了第二封協查通報。拍完照之後，我就把塑膠模特兒收進了五樓的臨時物證存放室。在我看來，整棟大樓就那個房間合適，空間大，平時很少有人去。

我把它立在房間的角落，想著不礙事就行。沒想到，塑膠模特兒「住進去」的頭兩天，就有不止一個同事晚上去物證室時被這個站在角落裡的「人」嚇得嗷嗷亂叫。

這幫人平時一副天不怕地不怕的樣子，對各種重口味現場、半夜墳場之類的故事津津樂道，結果一個塑膠模特兒就讓他們「原形畢露」了。我跟勝哥講了這件事，勝哥嘴上說著晚上要去物證室見識一下，可之後再也沒提過這事了。

轉眼進入十一月，某一天的上午，勝哥接到一個陌生女人打來的電話：「我認得那件衣服！」

塑膠模特兒終於在發案一個月後顯出神威。勝哥在派出所接待了打電話的女人。她三十歲左右，在長椅上哭得很傷心，一手捏著眼鏡，一手拿著紙巾擦眼淚。她說，通報上那件衣服是她親手買給弟弟林宇的生日禮物，七月初的一天，林宇穿著這件T恤，騎著摩托車出門後，就再也沒有回來。

一開始她並沒有特別擔心，因為弟弟好賭，一賭起來三四天不回家是常事。可一週過去了，弟弟還沒有回家，打電話又一直打不通，她和家人開始著急了，便四處打聽。直到勝哥把協查通報貼到她住的那條街上，她才知道自己的弟弟可能已經遇害。

女人還提供了一條線索，林宇的一個賭友說，林宇在失蹤前一天剛借了三千元。關於林宇被害的細節逐漸豐富起來。勝哥覺得，自己真應該去物證室看看那個站在牆角的塑膠模特兒，雖然有點嚇人，卻立了大功。

當天晚上，DNA比對結果證實死者就是林宇。此時，距離他失蹤已經超過四個月，我們終於可以給這具白骨寫上名字。勝哥立刻調取了林宇失蹤前的電話紀錄，最後一串號碼吸引了他的注意。那通電話來自林宇的同學兼老鄉，吳勇。

吳勇是一個小眼睛、厚嘴唇，看起來寬厚老實的年輕人。他到林家吃過飯，林家人也都認識這個同鄉。按照林宇姐姐的說法，吳勇話不多，不管幹什麼都聽林宇的，就像她弟弟的跟班。

林宇的父親在兒子失蹤後，兩次找吳勇問過林宇的去向，但吳勇都說自己不知道。而通話紀錄顯示，林宇失蹤那天他們通過電話，而且他也是最後一個跟林宇通話的人，可他卻從來沒有和林宇的家人提過這一點。

但僅憑一個通話紀錄，還不能驚動對方。我們立即尋找路面監視器，可是影像保存期限只有三個月，何況河堤上的公路根本沒有監視器，最近的一個攝影機在幾公里之外。

從法醫的專業角度看，時間過去太久，現場環境複雜，就算遺留了什麼物證，能夠發現和提取的可能性也很小。如果凶手做案時穿的衣服和鞋子還在的話，可能有辦法，前提是他能老實交代做案時穿的是哪件衣服。

四個月的時間足夠他編出一整套符合自己邏輯的說辭，但這裡面有沒有漏洞，我們可以替他檢驗。我點子多，又想到一個冒險的方法：測謊。這像一次和嫌疑人的對賭。

那天，勝哥以詢問證人為藉口將吳勇帶到公安局。當時他正準備收拾行李回老家。辦公室裡，勝哥例行詢問了吳勇是否對林宇的死亡知情，吳勇神情放鬆地回答：「不知道。」

當勝哥問到，林宇失蹤那天，他是否打過電話給林宇的時候，吳勇的眼神開始有些飄忽。顯然，他對偵查手段一無所知，也根本沒有想到這個細節。看見桌上那個酷似心電圖機的機器時，吳勇開始有點緊張了，手指不自覺地做起小動作。

我讓吳勇坐在測謊儀旁邊的椅子上，然後告訴他這是在測謊。他本來低垂下去的眼神不自覺地抬了起來。

測謊儀剛引進國內的時候，一線偵查員都以為這東西神得很，直到「杜培武殺人案」被認定為冤案之後，再也沒人把測謊結果作為證據。這次，我們打算讓測謊儀發揮點別的作用。我們沒有直接開始測謊，而是故意拖延。長時間的等待會讓被詢問的人越發緊張，從而露出破綻。

我給吳勇的手上塗上酒精，黏好電極，明顯感覺到他已經雙手僵硬。我掏出準備好的撲克牌，出其不意地遞過去一張黑桃Ａ，他詫異地接過去。

「請問，我給你的是不是黑桃Ａ？你只需要回答是或不是。」

「是。」吳勇不明所以。

我又遞過去一張方塊三。這種預設問題的目的是測試對方的配合度，並且讓對方相信，我們可以通過這臺機器來判斷他是否說謊。

「請問，我給你的是不是方塊Ａ？請說你拿到的是方塊Ａ。」

「我拿到的是方塊Ａ。」

儀器上的曲線出現輕微的變化，那是吳勇撒謊後觸發的生物本能一時還沒法控制。讓他「信」只是第一步，到底能不能成，接下來才是重頭戲。

勝哥和我跳過了第一關鍵問題「你有沒有殺人」，而是直接拋出後續兩個有關連性的問題——「你是不是在殺人後把刀丟在現場附近？」「你是不是把殺人時穿的衣服帶回了家裡？」

吳勇像是一瞬被箭射中了鎧甲的縫隙，對於這兩個問題，他幾乎沒有任何準備，抬起頭一臉茫然地說道：「我不知道你們問的是什麼意思，我不想回答這個問題。」

「不管你回不回答，我們都能知道結果，沉默就代表是。」測謊的第二步就是讓他「慌」。吳勇開始了一連串的否認，儀器上的曲線劇烈地上下波動。

「測謊儀已經明確檢測出你在撒謊，抵賴沒有任何意義。」這時吳勇的心理防線徹底崩潰了。很快，在我們準備好的攝影機前，他承認自己殺了林宇：「人是我殺的，還有吳兵幫我。」

根據吳勇提供的線索，勝哥當天抓住了吳兵。兩人都招供了，過程異常順利。讓我沒想到的是，此刻我和案子卻被推到了懸崖邊，搖搖欲墜。因為沒有物證。

案子最關鍵的物證是割頸的凶器，還有案發時吳氏兄弟穿的衣服。如果我能在這些東西上找到林宇的血跡，就可以串起完整的證據鏈，殺人者就能得到應有的懲罰。但現在這幾樣我一樣都沒有，真成了「死無對證」！

吳氏兄弟說，犯案當天穿的衣服都扔掉了。至於凶器，是吳勇從家裡帶的一把不鏽鋼菜刀，樣式普通，也已經用了很久，殺完人就扔河裡去了，完全不記得是什麼牌子，什麼樣子，勝哥從網上隨便點開一張菜刀的照片吳勇都說像。

樹林邊的河是我們轄區最大的一條河，水面寬闊，河道上常有上千噸的貨輪航行。吳勇也不確定自己到底是在什麼位置扔出去的，只記得自己用了很大力氣，至少向外丟出去十公尺。

就因為這一句話，我和同事拿著金屬探測儀和超大的電磁鐵，開始打撈。三天裡，我收穫了一個廢舊的鐵圈、兩根鋼筋、幾塊不明用途金屬塊和若干螺絲，卻連一個長得像刀的玩意兒都沒撈到。

隊長叫停了我的打撈工作，這意味著這起案子到這兒可能就懸著了。我知道，這檔案要麼在我桌上，要麼被放進檔案櫃。而一旦被放進那個黑漆漆的櫃子，之後的十年、二十年可能都不會再有人打開。那些不再有人打開的懸案不是薄薄一張紙，那是被害者壓在我心上的一座座「墳」。

勝哥那邊的進展也不順利。吳氏兄弟口供提及的最後一個關鍵物證是林宇騎到現場的摩托車。按照吳勇的說法，他們倆把車賣給了街邊一個修摩托車的小店。但勝哥找到車店老闆時，老闆卻說摩托車收了沒多久就被人偷了。

雖然我們懷疑這是老闆的託辭，更大的可能性是林宇的摩托車已經被車行拆成零件處理掉了，但尷尬的是，我們也沒有證據來證明這一點。最後一環證據也斷掉了。

僅有口供，我們根本無法給吳氏兄弟定罪。如果吳氏兄弟翻供，我拿什麼來敲定他們的罪行，拿什麼把他們繩之以法？而證據在哪兒呢！就在這時，我最擔心的事發生了——吳氏兄弟的口供出問題了！

勝哥發現，吳勇和吳兵兩人交代的細節並不完全一致，甚至同一個人每次的筆錄都有些細節合不上。他從看守所審訊回來就找到我，表情凝重地說：「必須找到證據，不然就『麻煩』了。」

我知道勝哥口中的「麻煩」是什麼。那是一起可以被稱為我們隊裡所有刑警「夢魘」的案子——我們曾親手放走一個「殺人犯」。

六年前，轄區裡發生過一起古怪的案件：醫院裡，一個病人忽然發生抽搐，然後迅速死亡。病人本身並沒有癲癇病史，出現這種症狀很反常。因為老鼠藥「毒鼠強」的中毒症狀和癲癇發作時極其類似，有醫生懷疑病人可能中了毒。

毒化物檢驗的結果讓所有人心驚肉跳：死者的血液裡確實有毒鼠強成分。

我們第一時間封鎖了醫院。但在隨後的病歷調查中，我們發現了更令人毛骨悚然的事：這家醫院前後有二十六個病人出現過類似癲癇的抽搐症狀。

比對以往資料，一家醫護人員加病人不足五百人的醫院短期內出現二十六個癲癇病人的可能性幾乎為零。也就是說，這家醫院裡有個一直在投毒的人遊蕩著！前面二十六人中可能也有受害者！

我們給這些人剪取指甲、抽血化驗，甚至在徵得對方家人同意之後，把一名已故病人土葬了的屍體挖出來開棺驗屍。

但最終，我只在一個死者的身體裡檢測出毒鼠強成分。鎖定的嫌疑人是一個年過六十的女護工。她看起來沉默寡言，畏畏縮縮，普通到在街上走一圈就會消失在人群裡。我只記得，她的手格外濕。

看護紀錄裡的她就像一個行走的「惡魔」，她負責哪一個病區、哪一個樓層，對應的地點就會出現「癲癇發作的病人」。

我們甚至在她放個人物品的地方發現了毒鼠強，但她辯解稱自己是留著殺老鼠，而且護工存放物品的房間基本是開放空間，誰都能接觸，誰都有嫌疑。

最終我們在女護工的檢材裡沒有檢測出毒鼠強成分。女護工被無罪釋放。

放她走的那天，我心情格外沉重。就是這種看起來普普通通的「凶手」最可怕，因為沒人能擔保她不會繼續做案，而且放走了可能再也撈不回來——那種感覺就像是在人群裡埋下了一顆炸彈，不知道它會不會炸，更不知道它什麼時候炸。

而在醫院醫生和護士眼裡，就是我們放走了凶手。

此時此刻，嫌疑人吳勇、吳兵就在看守所的鐵欄杆裡面，都有口供，但如果我們拿不出證據，那扇通往外面的大門隨時都會開啟。

從那以後，我經常會在結束一天的常規工作，或者當天安排的驗屍比較少的時候，帶著助手和同事到林宇出事的河堤「吹風」，期待著能碰上和案件相關的東西。

一次、兩次、十次「吹風」過去，廣東天氣漸漸轉涼。有次「吹風」，助手不知從哪裡找到一隻爛拖鞋，我瞄了一眼，沒好氣地問他：「兩個嫌犯一個死者，三個老爺們，誰的腳能穿進這隻三十六號的女式拖鞋？」

又不知「吹風」了多少次，十二月的一天，我突然在河堤公路上發現了一滴乾涸的只比黃豆粒大一點的血跡。我異常興奮，小心翼翼把樣本送進了實驗室，卻見鬼一樣一連三遍都測不出DNA分型。

我不死心，又把剩餘樣本送到省級鑑定機構。結果讓人完全崩潰：那壓根兒不是「人血」，是「魚血」！我成了一個分不清人血與魚血的法醫。

就在我被現場折磨得心力交瘁的時候，勝哥還在吳勇新口供的指引下，在一條小河溝裡摸索了整整兩天，希望能把他交代的丟進小河的錢包、手機找到。

可撈起來的除了烏黑的淤泥，就只有垃圾。

緊要關頭，林宇的姐姐突然想起一個關鍵線索：眼鏡盒。她記得很清楚，林宇騎走的是她的車，車上放了一副她的眼鏡。就在弟弟和車一起失蹤之後，她在同一家眼鏡店又配了一副。

但從審訊最初到現在，吳氏兄弟根本沒有提及「眼鏡盒」。這可能是一次疏忽，但也可能是案子的一個轉機。我又來到案發現場，這成了我做法醫以來看過次數最多的現場。

日子都到十二月底了，我見證著這個案發現場的改變，在廣東，這三個月已經囊括了一年之中四分之一的景色變化。小小的眼鏡盒。這種搜尋工作最磨人的地方在於，沒有具體地點，只能靠著兩隻眼睛、兩條腿，一遍遍反覆搜索。

更大的不安來自誰也不知道那個被凶手隨手丟下的眼鏡盒，到底還在不在那兒。第一次，十個人鬥志高昂。結果找了一下午，到天黑只能回食堂吃飯。第二次，只去了三個人。第三次、第四次，我只能拉動助手同行了。

是的，我習慣了失望，卻依舊放不下期待。我心底已經做好了打算，哪怕案件送到了檢察院，只要一天沒有開庭，一天沒有審判，我就一天不會停止。案子破不完，壞人抓不盡，但是讓抓在手裡的罪犯溜走這種事，一次就夠了。

一個很平常的午後，我又招呼同事一起出發，這是第二十三次「吹風」。快到傍晚，正當我以為今天又會是一場徒勞時，突然聽到了同事的歡呼，我看見他跳躍起來，雙手上舉，一隻手還捏著一根不知道哪裡撿來的長竹竿。

這是我第一次在籃球場之外，看到這個三十多歲的人跳這麼高。我丟下手裡的枯枝跑了過去。草叢中，一個黑色的小盒子靜靜地躺在那裡。經林宇姐姐辨認，我們找到的眼鏡盒就是她當初放在摩托車上的，眼鏡盒和眼鏡布上清清楚楚地印著眼鏡行的名字和地址。根據口供找到的物證，成了證據鏈上最後也是最關鍵的一環。

案件的所有資料在年底前如期移交到了檢察院，吳氏兄弟被順利批捕。第二年冬天，吳勇被判處死刑，吳兵被判死緩。把檔案送到檔案室的時候，我在案卷上簽了自己的名字。我知道，這本檔案之後再不用被開封，我是經手它的最後一個人。

可能真是我執念太深，即便找到了證據，懲罰了凶手，我還是不能完全放下這個案件。那幅「白骨拼圖」總在我腦子裡晃悠，我還有一個「謎」想不通。

最初，「五一」過後的某天，林宇找到吳勇說有人欠了他五千元高利貸，讓吳勇和他一起追債，並且答應追到之後分些好處給他，「肯定不讓你白忙」。

林宇先到廣東幾年，對這邊的環境更熟悉，吳勇從老家過來以後，就成了林宇這個老鄉的小跟班。這次吳勇也沒多想，就答應林宇一起要債。

忙碌了兩個月，兩人不管是去欠債人家裡還是工作的地方，都堵不到人，沒收回一分錢。吳勇覺得要債這事沒結果，就不想去了。

還有一個小細節，是審訊時吳勇說的，就是他看到林宇因為要不到帳，私自在欠條上多加了一個「〇」，將「五千」改成了「五萬」，這讓他更覺得林宇不可靠。他拒絕了林宇再次一起要帳的邀請，並且試著向「大哥」要點辛苦費。因為每次出門，不管是給車加油還是吃飯喝水，都是自己掏腰包。

沒想到，「小弟」收到的是「大哥」的兩個耳光。吳勇沒有出聲，也沒有還手，但正是這兩耳光讓他暗下決心。吳勇把事情告訴了自己的堂哥吳兵，兩人約定在河邊的小樹林教訓一下林宇。

那天，吳勇打電話告訴林宇，說看見欠債人在河邊釣魚，讓他趕緊過來。吳勇領著林宇走進小樹林，躲在林子裡的吳兵立刻帶著刀從背後衝上去，但沒等吳兵動手，「大哥」林宇一把推開了他，還給了吳勇兩腳。

幾乎是同時，吳勇扯過菜刀，一刀砍在林宇的脖子上。怕對方不死，又在脖子上割了幾刀。這就是我最初發現的骨頭上的三道切痕。殺人後，兩人拿走了林宇的錢包和手機，騎上他的摩托車逃離。直到大半年後被我們抓獲。

我見過不少少年，都幻想有個江湖，滿是俠膽道義。現在我才想明白，這個江湖中其實只有幾百塊錢的爭執、背後的菜刀與白骨。

05

誰動了她的梨

他們選擇了最粗暴的幾種方式——偷、搶、騙，甚至殺人。他們只是無知地認為，既然別人可以，那麼我也可以。

案發時間：二〇一七年六月。

案情摘要：某出租房內的一名租客遇害。

死者：女租客。

屍體檢驗分析：面部纏繞透明膠帶，手腳皆被尼龍繩捆綁。裙子被撩起至腰部，大腿內側見血手印，疑似遭受性侵。胸部有傷口，還在持續流血，血液呈暗紅色。

二〇〇〇年左右，在珠三角當法醫是件不太容易的事。尤其是對我這種運氣不太好的法醫來說。那時，珠三角是全國知名的治安盲點區域，一年有近百起命案發生。我可能是事故體質，一值班命案就爆發。我曾經在一個值班的夜裡，連續勘查了三起毫無關聯的命案。最黑暗的那段時間，匪徒的凶殘無人能想像。

但是現在不一樣了。我們和這幫人戰鬥了近十年，隊裡犧牲了三個弟兄，設下無數監視器，嚴格管理出租屋登記，惡性案件的發生數量，已經不足當年的五分之一。

我和勝哥一直以為，日子會這樣慢慢過下去。然而在二〇一七年仲夏，一起案件把我們一棍子打醒。我們從未遭受過這樣的打擊，凶手用一種拙劣的障眼法，擾亂了所有線索。我們出動了上百人，整個區域的警力被耍得團團轉。案發後的第三天，我和勝哥站在案發的那棟公寓裡，有些失魂落魄。外邊搜查得天翻地覆，可最關鍵的證物，和我們的直線距離不超過十公尺，但我們當時並未意識到。

那天清晨，我被一通電話叫醒。前天才去過的搶劫案案發地點，發生了一起凶殺案。同一棟樓，同樣的做案手法，受害者同樣為女性。凶手用一個可樂瓶淩辱了女孩。我猜測，這是一起連環命案，敢這樣幹的混球，應該在十年前就被抓光了才對。

我剛拿起工具箱準備出發，就看到勝哥開著那輛破尼桑（GT-R），直接衝出公安局大門，他沒有等我。我驅車鑽過掛滿招牌的小巷，停在命案發生地點。燈箱閃爍，巷道潮濕，猶如市井版《重慶森林》，勝哥那輛破尼桑就停在前面。

眼前是一棟三層的白色小樓，不鏽鋼防盜門和防盜窗網，周圍黏著牛皮癬一樣的廣告。身邊的一切都在告訴你，來到這裡，務必小心。

兩天前，這棟樓的女房東被一名男租客綁進房間，搶了手機和現金。沒想到兩天後，這裡又發生一起案子，手法幾乎一模一樣：綁架，搶錢。只是這一次，罪犯徹底陷入瘋狂，還殺掉了女孩。

我到門口時，勝哥剛從裡面鑽出來。他看我來了，只是疲憊地揉了揉腦袋。我瞧見他牛仔褲上有一小片茶漬汙跡，估計昨晚又沒有回家。

我知道勝哥在急什麼，接下這起案子，他比誰都煩心。女房東被搶劫的案件，勝哥是主要偵辦人員之一。沒想到，他還沒找到劫犯的線索，這棟樓居然又出了一起命案。

前後兩起案件只隔了兩天，他把這視為一次難以接受的失誤，他說：「如果那幫弟兄還在，如果隊裡足夠重視，第一時間花大力氣抓逃犯，凶手沒有機會再跑出來殺人。」

如果能迅速抓到搶劫犯，或許這個女孩就不會死了。但其實，那起搶劫案雖然性質惡劣，涉案金額卻不大，加上隨著治安的好轉，重案隊的人大大縮減，隊裡擔心沒有人手去處理新案子，就沒有動用大量警力去追查。勝哥說是辦案人員「之一」，其實真正投入的警力就他自己，畢竟隊裡只有七個人。

人手和時間都不夠，沒有人責怪勝哥，但看勝哥菸抽得有多凶就知道，他現在是自責、壓力一肩扛。我陪他走到一樓走廊的盡頭，看他在牆壁上滅掉快燒到頭的香菸，正準備扔掉的時候，我拍了拍他，提醒道：「別在命案現場丟東西。」

他捏著菸頭，久久之後撂下一句：「不管怎樣，抓到那傢伙就都清楚了。」

女房東正在接受詢問，看到我來了，她無奈地向我點了點頭。多數時候，法醫的出現都不討人喜歡。估計她也沒有想到，這麼短的時間內居然會再次和我碰面。

可能是我的出現，讓她回想起兩天前發生在自己身上的事，她不安地揉著手腕，捆綁造成的瘀傷還沒有完全消散。綁架她的是剛租住一天的男房客韋建軍。

當天，韋建軍以打掃房間的名義，將女房東騙到房間，隨後掏出摺疊刀威脅，用尼龍繩把她綁起來。搜走現金和手機後，他還用透明膠帶封住了女房東的嘴巴。

直到有房客下班回來聽到動靜，女房東才被解救。

女房東是在廣東十幾年的老一輩打工者，她早就習慣了如今安穩的生活。當時給她驗傷，她還在咒罵韋建軍：「沒想到這個中年男人這麼狠，不給房租還搶我的錢。」但今天見到被殺掉的女孩，她只剩下慶幸。

現在看來，女房東確實幸運。她逃了，她的女租客卻沒能逃脫。站在半掩的門口，即使戴著拋棄式口罩，我還是能隱約聞到飄出來的腥味，那是大量血液散發出來的味道。

散亂的血足跡，侵占了這個小房間一半以上的地板，女孩的屍體就側倒在床邊。這是一個二十三歲的女孩，她的手腳被尼龍繩緊緊勒住，顯出暗紅和瘀腫。一圈又一圈的透明膠帶死死封住她的嘴，由於膠帶勒得很緊，女孩稚嫩白皙臉上的五官都扭在了一起，看起來痛苦而絕望。

這膠帶，綁得比兩天前的手法狠多了。女孩的裙子被撩起到腰部，大腿內側留著幾個斑駁的血手印，這表明她生前可能遭遇過性侵。

翻動女孩的屍體時，她胸部的傷口還在不斷淌出暗紅色的血液。當我檢查完女孩屍體，從她身邊站起來時，原本雪白的橡膠手套上已經猩紅一片。

這樣的景象，任誰看了心裡都會不好受。我不知道，如果自己換到勝哥的位置，能不能承受得住。我嘆了口氣，換上新手套，繼續勘查。

陽臺上還晾著洗好的運動上衣和短褲，窗戶上的防盜網完整，門鎖沒有被破壞，也沒有技術開鎖的痕跡，桌上女孩的手袋敞開著，似乎被洗劫一空。

圖財嗎？時間如此接近的案子，相同的手法、相同的工具，甚至是相同的做案動機。追查這個叫「韋建軍」的租客，是當務之急。

看完現場已經臨近中午，我顧不得休息，直接開車去了殯儀館，案情緊急，必須要第一時間解剖屍體。我沒想到，家屬更早抵達殯儀館，他們是來簽解剖屍體通知書的，同時想再看看遺體。

屍袋擺在冰冷的不鏽鋼解剖臺上，我只拉開了上端，露出女孩被膠帶纏繞著的臉。年輕的面容在死亡面前變得扭曲。我不能讓所有的屍體細節暴露在家屬面前，我不忍心。

女孩的男朋友紅著眼睛，雙肩止不住顫抖。他和女孩本來決定今年就結婚，前幾天才看好了婚紗。女孩的姐姐和姐夫也在一旁抱怨老天不開眼，姐姐說自己前一天還和妹妹打球，為什麼今天就走了。

報案人是女孩的姐夫，這個三十多歲的中年男人，顯得比自己的老婆還悲痛。他早上打電話給女孩，發現電話關機，去了女孩的出租房才發現，女孩已經倒在血泊中了。

當母親試圖用手觸摸女兒冰涼的遺體時，我提醒她那可能破壞留下的痕跡物證，會讓凶手更難被抓獲。送他們離開解剖室的時候，女孩父親緊緊地握著我的手說道：「你們一定要抓到那個殺千刀的凶手！」

我抿著嘴，望向他的眼，點了點頭。每次遇到類似的情況時，我都沒法說出「節哀順變」這個詞，沉默大概是我唯一的回答。

韋建軍跑路了。勝哥查搶劫案時，曾調取過周邊的監視影片。兩天前，韋建軍在搶劫女房東之後，坐上一輛假牌照的摩托車，離開了現場，那是他最後一次出現。

這種搶了就跑的小毛賊，在勝哥眼裡，再普通不過。他們往往自覺走投無路，為了下一頓的飯錢，搶點錢就跑，甚至覺得被員警抓到也不虧。

這種現象，如果發生在我和勝哥剛工作那會兒，一點都不奇怪。二〇〇〇年，走在街邊的人都不敢把包背在身後，只能抱在胸前。要是誰三五年沒被偷過、搶過，可以算得上是奇蹟。但現在，社會治安已經不可同日而語。不僅是員警，就連普通人也放鬆了警覺。

公寓門口本來有監視器，但壞了，女房東捨不得錢，一直沒有安裝新的。於是最有可能留下線索的地方，現在無從查起。但有個好消息是這次涉及命案，人力物力調配不會再捉襟見肘。案件會上，局長同意將兩起案件併案偵查，並且指示各部門全力配合。

勝哥終於不是孤軍奮戰了，但這樣多的警力，能否在短時間內破案，勝哥又背上了新壓力。在此之前，同事整理過一份被害人關係名單，上面記錄了和女孩有關的人，翻開第一頁，上面有她的家人、男友，以及隔壁的房客。

但那時我們都太自信了，沒有人細看這份名單，每個人都堅信只要抓到韋建軍，就能給女孩一個交代。

在幾十公里外的建築工地上，我們找到了韋建軍。勝哥舉著槍衝進宿舍的時候，韋建軍正赤裸著上身呼呼大睡，被抓的時候，還是一副迷迷糊糊的樣子。

韋建軍顯然沒有料到自己這麼快就會被抓到，他認為搶了錢就跑，不用身分證，也不聯繫家人，警方根本拿自己沒辦法。

但這是命案，全區上百名員警都出動了。看到韋建軍還一副裝傻充愣的樣子，勝哥狠狠地搧了一下他的頭。不理會他呼痛的聲音，勝哥拉住反背在後面的手銬，把人扯到床邊，然後在床頭摸出了女房東的手機。

韋建軍這傢伙，看著死硬，但面對證據，比誰都老實。他知道，老實交代犯罪過程能少受很多苦。韋建軍說，他跟著老鄉從老家來城裡打工，想找一份輕鬆的工作，但閒逛了幾天都沒有合心意的，手頭越來越緊，此時恰巧看見房東背包中有現金，就動了歪心思。

韋建軍承認了搶劫女房東的過程，對殺害女孩的事卻隻字不提。帶韋建軍回局裡的路上，勝哥慢慢察覺到有些不對勁，韋建軍的反應，根本不像一個剛殺人的逃犯。

勝哥試探著問道：「搶完女房東之後，你有沒有回過那棟樓？」

「我都搶完了，還回去幹啥？」

勝哥安排同事夜間突審韋建軍，自己則趕回工地，進一步核實韋建軍在命案發生當晚的行蹤軌跡。與此同時，我接到ＤＮＡ實驗室打來的電話，先勝哥一步確認了韋建軍口供的真實性。ＤＮＡ檢驗鑑定結果顯示，女孩身上提取的生物檢材出現了一個未知男性的ＤＮＡ。它既不屬於女孩的男友，也不屬於韋建軍。

韋建軍確實綁架了女房東，但他不是殺害女孩的凶手。勝哥傳回的結果也證實了這一點。和韋建軍住在一起的三個工友都表示，凶案發生那晚，韋建軍和他們是同一時間上床睡覺，第二天早上又一起開工的。韋建軍沒有交通工具，無法在工友睡覺的幾個小時裡，往返好幾十公里做案卻不被工友察覺。

最初的推測被推翻，「頭號嫌疑人」的嫌疑被徹底排除。一切回到了起點。

勝哥和我有種被戲耍的感覺，同時又為自己的慣性思維感到一陣惱怒，現在我們得找到那個真正的凶手。

我來不及失落，又打開了電腦裡現場勘查的照片。夜色籠罩，窗外是萬家燈火。我知道，對於勝哥來說，今晚又是一個不眠夜。隊裡為了這起案子，投入大量警力，結果竟然抓錯了人。

我翻動電腦上的照片，那張女孩下身血手印的特寫，再次闖入我的視線。從屍體上得到的資訊來看，這是一場有預謀的犯罪，如果不是為了錢，那應該就是為了性。我們必須順著新的方向調查，遺留在女孩身上的男性ＤＮＡ，可能來自凶手。

勝哥火速衝進我的辦公室，渾身菸味。和他一起來的，還有那份早被遺忘的被害人關係名單。

「這孫子不是奔著錢去的，是奔著女孩去的！還有什麼線索嗎？」他捧著杯子，布滿血絲的眼睛瞄向我電腦上的照片。

「勘查現場時，我注意到女孩房間的門窗沒有損壞，說明凶手是正常進入的。而能敲門進入或者有鑰匙的人，應該是女孩認識的熟人。再加上女孩的死亡時間是凌晨前後，能在夜晚順利進入女孩房間，這個人她應該非常信賴。」

轉變思路以後，我們找出一個原先就在名單裡的名字——女孩異常悲傷的姐夫，劉森。勝哥對劉森展開了調查。他發現，女孩每天都能接到這個姐夫幾次甚至幾十次的電話，兩人過高的通話頻率顯得關係過於親密。

按照劉森接受例行詢問時的說法，案發前一晚，他和老婆、女孩一起打羽毛球，晚上十點多把女孩送回了公寓。第二天早上，他打電話給女孩，卻無人接聽，等他過去才發現人已經死了。

我們還找到一個重要的線索，女孩的房間是劉森幫忙租下的。親自租的房子，最後一個離開現場又第一個回到現場，眾多的巧合讓我不禁打了個寒顫。

第一時間排除男性親屬的嫌疑時，我們先調查了女孩的男朋友，但還沒來得及進一步接觸這個姐夫，難道真的是燈下黑？

就在我和勝哥猜測兩人關係時，ＤＮＡ比對結果來了：女孩身上遺留的ＤＮＡ確定是劉森的！

拿著檢驗結果，勝哥敲開了劉森家的門。開門的是女孩的姐姐。不知道是不是錯覺，勝哥總覺得，相比在殯儀館初次見面時的悲痛欲絕，這次女孩姐姐的態度很冷淡，似乎已經從妹妹死亡這件事中走了出來。

還沒等勝哥追問，女孩的姐姐就開始抱怨，說丈夫在女孩死後這兩天格外頹廢：「啥也不管，啥也不幹！」

察覺到她只是單純地找人吐苦水，沒有更多隱瞞和目的之後，勝哥故意找了個藉口支開了她。

在臥室裡，勝哥找到了劉森。他正仰面朝天，百無聊賴地癱在床上抽菸，床邊的菸頭堆起了一小撮。關上房門，勝哥警戒地打量著這個男人，一邊交談，一邊仔細觀察他的神色。勝哥注意到，劉森一直表現出懊悔，反覆強調自己沒想到日租房會這麼不安全。當試探著提起他和女孩頻繁的通話紀錄時，劉森有點急了。

在勝哥反覆幾輪施壓之下，他承認，自己和小姨子有著不正當的男女關係，「我們是相愛的，但是我沒有辦法離婚」。

「那天晚上，我們上完床之後我就走了。」劉森直接承認精斑就是他留下的，但否認殺害了女孩。

當他意識到勝哥懷疑他是殺人凶手後，並沒有表現出凶手被發現時那種驚慌失措，只是一個勁兒跟勝哥強調，自己對女孩有多好。

根據劉森的說法，勝哥聯繫了調查監視影片的弟兄。在離現場不遠的路口，當晚確實有劉森開車通過的影像，並且根據時間推測，他待在現場的時間不到半個小時。拿到結果後，勝哥沒有說話。劉森的做案時間不足，線索又斷了。

沒有新的證據和線索，我們除了一遍遍叮囑劉森保持通訊暢通外，什麼也不能做。

那天深夜，我和剛回來的勝哥在刑偵樓裡碰上了，不過是幾天的奔波，他的眼圈已經有些浮腫。看到我，勝哥突然感慨道：「我好像越來越不能熬夜了。」而我摸摸自己的髮際線，也無奈地扯起了嘴角。轉眼間，我們都不那麼年輕了，熬夜查案這種事，越來越不適合我們這幫老傢伙了。

這些年過去，當初一起熬夜的弟兄們慢慢地都散了，有的去了治安大隊，有的去了派出所，警隊裡的「老頭」只剩我和勝哥兩個。可是沒有這幫老搭檔，眼下的這起案子，有點無力啊。

前段時間的調查，已經排除了受害者的男朋友，現在她姐夫的線索也斷了。有嫌疑的對象一個個被排除，警隊士氣低落。名單第一頁，還剩一個叫何沐的人，他是受害者隔壁的房客。

我們也不是沒懷疑過此人，但經過調查，他最近一直在附近上網，員警打電話也接，壓根兒沒有要跑的意思，哪有那麼傻的嫌疑人。我和勝哥只能把希望放在名單上，我們倆堅信，真凶的名字必定在這裡面。

法醫不需要像偵查人員一樣到處奔波，「現場」才是我的戰場。案發後第三天，我決定再回一次現場。就算體能差了，我的大腦和眼睛還是能派上用場。

我把纏繞在門上的警戒線解開，再次打開房門。屍體已經被搬走，現場只剩下血跡，各種物品因為檢查被翻倒，小屋一片狼藉。

再次檢查屋內物品時，一個放在抽屜裡的筆記本吸引了我的注意。上面除了簡單的備忘事項，更多的是一筆一筆的日常消費支出，原來受害女孩有記帳的習慣。

帳本並沒有什麼稀奇，但其中一個資訊，瞬間擊中了我。筆記本上的最後一條紀錄，日期定格在案發那天：一袋梨，十六．八元。

我對現場極其熟悉，對這袋梨卻毫無印象。我在垃圾桶裡翻找了半天，裡面空空蕩蕩，沒有任何果皮、果核和食物殘渣。

那袋梨去哪兒了？拋出這個疑問的時候，我能感覺到全身的血都往頭頂上衝，身體因為興奮而微微顫抖，那是腎上腺素在急速分泌。

更令我興奮的還在後面，女孩原來躺著的位置，只剩下一層厚厚的暗紅色血凝塊，沒有了屍體，周圍的血跡形態反倒更加清晰。

我拿著手電筒，蹲下來，仔細辨別著地面的灰塵痕跡，本來被屍體擋住的床尾地面，似乎有點異樣。我低下頭，儘量讓身體貼近地板，望向床底，手電筒的光探進了床底的黑暗，斜照到地板上，一大片人形的灰塵擦拭痕跡赫然出現。

我招呼著民警合力搬開鐵架床，床下的景象慢慢地完整呈現在我們眼前——是一個成年人的形體痕跡，有人曾經在床底躲藏過很長時間！

在女孩回來之前，凶手就藏在床下，等待時機合適再爬出來殺人。之所以等了那麼久，是因為當晚出現了特殊情況，女孩不是一個人回來的，劉森也跟著。

這間小小的屋子裡曾經同時有過三個人，兩個人在床上，一個人在床下。

我將現場發現的新線索告訴了勝哥。有了大膽的猜測之後，接下來就是加倍小心的求證。凶手是怎麼進到女孩房間的？我想起女房東的那串鑰匙。打電話給她的時候，她剛剛睡下，被我的電話吵醒後，一副不耐煩的口氣。

「房間都是原裝鑰匙，沒有配過！」在我的追問下，她回答得無比肯定，但是我更相信自己看到的東西。

我翻出當時拍攝的女房東鑰匙的照片，那是一大串鑰匙，每個鑰匙上都貼著小標籤，上面寫著對應房間的號碼。女孩的房間是二〇三，對應的鑰匙上，橫形的摩擦劃痕還很新，那是配鑰匙才會留下的痕跡。

證據從來不會說謊，肯定有人配過備份鑰匙，如果不是女房東，那麼有條件偷備份鑰匙的人，只剩下居住在這棟樓裡的住客。

現在距離案發的時間並不久，凶手遺留的證據和線索，比如做案時穿過的衣服、用過的凶器等，說不定還在某個房間裡。我突然察覺，這麼多天過去，凶手可能就在我身邊。我和勝哥當即決定，對整棟樓進行地毯式搜查。

聽說要搜查整棟樓，女房東顯得很不耐煩：「我真是倒楣死了，出了這檔子事還讓不讓做生意了！」

如果告訴她凶手可能還藏在公寓，她怕是更沒有生意了。我從一個民警那裡要來了警棍，塞在褲兜裡，用右手緊緊握著它。在勘查現場和嫌犯撞個正著這樣的事，在我身上發生過不止一次。你永遠不知道，哪扇門的背後是凶手。

以前，我曾經接過一起「雙屍命案」，凶手殺人後沒有離開現場，我勘查現場時，他一直站在圍觀的人群裡瞄著我，直到被我們抓獲。

勝哥還在外面調查線索，我必須小心點。來到被害女孩的房間附近，我們決定從兩邊的房間開始查起。我被右側那間房子所吸引，按照女房東的說法，這幾天，裡面住著一個三十多歲的單身男性——女孩的鄰居何沐，他也在我們的名單上。

房間裡東西不多，凌亂的衣服隨意丟在床上，垃圾桶裡是吃剩下的外賣盒子，幾隻蒼蠅圍著這些開始腐敗的食物盤旋，陽臺上沒有洗過的衣服。這間屋子的主人應該有兩三天沒有回來過了。

這時，桌上的一個塑膠袋讓我心頭一動，我快步走過去，是一袋普通的梨，緊緊紮住的袋口旁被撕開一個口子，袋子上還殘留著超市的售價標籤，十六・八元。

何沐，男性，三十三歲，梧城人，有竊盜前科。我們的關係人清查名單裡，他的名字就在第一頁，只是前期偵查重點都放在其他人身上，加上案發後的那兩天，他並沒有逃離的跡象，所以暫時被忽略了。

勘查過何沐的房間，我可以斷定，他在案發後的這幾天，雖然沒有離開本地，卻再也沒有回來過這棟公寓，甚至連行李都沒有收拾就不見了蹤影。更可疑的是，他的房間裡有一袋和女孩記帳本上價格一樣的梨！

勝哥馬上派人徹底搜查何沐的動向。調查顯示，他這天早上才坐長途車離開了本地，距離現在不足三個小時！

我把裝梨的袋子送回去提取指紋和ＤＮＡ。只要在這個塑膠袋上發現女孩或者女孩姐夫劉森的指紋，就可以證明這袋梨來自案發現場，何沐就是凶手。

勝哥沒有再回現場，他和同事在路上接到消息，不願意再等指紋的結果，車子直接掉頭往梧城去。

「要是讓他跑回老家，往山上一鑽，我們更麻煩。」這種事情，在他的刑警生涯裡並不罕見，上一個逃亡千里的傢伙，勝哥花了二十六天才將其追捕歸案。

長途客車行駛並不快，中途還要載客，勝哥覺得自己能在客車駛入梧城前截下何沐。勝哥出發一個半小時後，指紋檢驗的比對結果出來了，塑膠袋上確實有女孩的指紋。勝哥的當機立斷，為抓捕爭取了寶貴的時間。我把檢驗結果第一時間告訴了勝哥，接到確定的消息後，勝哥在電話那頭輕快地說道：「我就知道是他。」

掛電話前，我只叮囑了一句：「小心點，注意安全。」

勝哥掛掉電話，將舊尼桑車的油門踩到了底，那輛平時開起來隨時可能拋錨的破車，被他在高速公路上開出了驚人的車速。勝哥回來後還很高興的告訴我：「我感覺自己好像還是很年輕。」

當天下午，林州高速路休息站，勝哥追上了載有何沐的大客車。這是客車抵達梧城前，最後一次中途停靠，差點就讓他跑了。

下車之前，勝哥掏出腰上的九二式手槍，再次退出彈夾檢查了一下子彈，上膛，打開了保險。他和同事對了一個眼神，一起摸到大客車的車邊。司機正放低了靠背打盹，後排的何沐埋著頭，手上捧著一碗泡麵。勝哥打了手勢，和同事猛地一下衝上去，用槍指著他吼道：「員警，別動！」

看到舉著槍的勝哥，何沐哇的一聲大叫，手一抖，一碗泡麵倒扣在自己身上，整個人癱在座位。精神高度緊繃的逃亡和突然出現的勝哥，徹底擊垮了何沐抵抗的意志，回程路上他交代了所有的做案過程。

提取完何沐身上可能遺留的物證，我坐在偵訊室的椅子上，花了七八分鐘才看完勝哥剛剛完成的，那份遠比普通筆錄更長的訊問筆錄。

最後一頁上，歪歪斜斜地寫著：「上述筆錄我看過，和我所說的一致。」後面是何沐的簽名和按壓的指紋。看到這行筆跡和那個按得很實的指紋印，我終於鬆了一口氣。

「你殺她，就因為她不理你？」我抬起頭，有些疑惑地看著鐵椅上銬著的男人。

「她又不是什麼好人，整天帶不同的男人回去，居然還不理我。那兩個男人可以，憑啥我不可以？」坐在我對面的何沐脫口而出，一副理所當然的表情。

他並不覺得自己有什麼錯，只是遺憾為了這個女人最終賠上了自己有點不划算。

女孩搬進來時，何沐已經在這裡住了五天。他只住得起這種不要押金的短租房，正忙著四處找工作、找門路弄點錢。在廊道上錯身而過的時候，他就惦記了這個新鄰居。年輕、漂亮、打扮入時，用著高檔手機，按他的說法，「一看就有錢」。

他製造機會和女孩偶遇。每天碰到的時候，他都會直勾勾地打量女孩，故作瀟灑地和她打招呼，視線追著女孩的背影，直到她關上房門。

有幾次，他甚至在聽到女孩開門的聲音時，故意開門出來，為的就是和女孩多打一次招呼，多看她幾眼。

但隨後的七八天裡，他目睹了女孩和一個年輕男孩討論著選哪件婚紗，也注意到了有一個中年男人對她車接車送。他認定，腳踏兩條船的女孩絕不是什麼正經人，那兩個男人能夠勾搭上她，自己或許也有機會。

但何沐的搭訕一直被忽略，他不僅沒和女孩熟絡起來，女孩見到他還會躲著走。期望破滅後，怨恨和憤怒正在悄然累積。

案發前兩天下午，經過一樓時，何沐發現女房東不在櫃檯，一大串鑰匙就放在桌上，他幾乎是一下就想到了女孩。

「有了她房間的鑰匙，不管要做點什麼都方便，別人可以，我也可以。」那一瞬間，他覺得命運在向他招手。

他拿走了二〇三的鑰匙，配好後又放了回去，神不知鬼不覺，過程順利得他自己都有些吃驚。他不知道，那時候的女房東正被韋建軍綁在房間裡，徒勞地掙扎。

鑰匙拿到了，女孩的生活規律也早已一清二楚，但是何沐還沒想好要做什麼。

這時，他聽說公寓裡發生了搶劫案。原來這麼簡單，一把刀、一條繩子，就能搞到錢，員警問過房東之後，就沒再來過，也沒有聽說誰被抓住。

下定決心的何沐在雜貨店買了手套、尼龍繩和透明膠帶，又在夜市買了一把摺疊刀和一瓶可樂。

案發當晚九點，他帶著買來的工具進入了女孩的房間。在椅了上不安地等待了半小時之後，他相中了唯一能藏人的床底，想給女孩一個「驚喜」。

晚上十點多，房門處傳來鑰匙轉動開鎖的聲音，女孩回來了。躲在床底的何沐，盯住門口。門開了，但是進來的不是一個人，女孩的身後還跟了一個男人。

何沐不知道進來的是誰，也不知道自己還要藏多久。時間一分一秒慢慢流逝。等男人離開，何沐已經在床底趴了一個多小時，他覺得四肢僵硬，忍不住翻了一下身，女孩察覺到了動靜。

「別吵，我只是求財。」何沐掏出了隨身攜帶的摺疊刀。女孩嚇壞了，她認出床底的人是鄰居。何沐把女孩手袋裡的錢全部翻了出來，加上零錢也只有兩百多元，比他預計的還少。但這個時候，他想要的已經不僅僅是錢了。

「我準備走，但我怕妳叫。」他謊稱自己想走，用繩子綁住了女孩的雙手和雙腳，又用透明膠帶封住了女孩的嘴巴。他試圖侵犯女孩，可能是心裡發慌的緣故，他發現自己根本沒辦法，不甘心的他想起了那個可樂瓶。

在女孩痛苦的呼叫聲中，何沐掐住了她的脖子，看著女孩扭曲的面容，此刻的何沐只有一個念頭：必須殺了她。

他把摺疊刀刺入女孩的胸口，鮮血湧了出來。何沐想走時，又感到口乾舌燥，他發現桌上有一袋沒有動過的梨，便扯開袋子拿起一個，啃了幾口。隨後，他把剩下的梨和做案工具都拿回自己的房間。

當我問他是什麼時候準備對女孩下手的時候，他停頓了一下，似乎是在回憶，又像是在醞釀詞語。

「第三次吧，那幾天我三次跟她打招呼，她都沒理我，事不過三。」

而女房東被搶劫那天，放在桌上的鑰匙讓他看到了自己得手的機會。這個凶手和這些年抓過的其他凶手沒什麼兩樣，既不瘋狂，看上去也沒有格外凶惡。但是，他讓我想到早些年見到的那些傢伙，缺少基本常識，也沒有一技之長，這個社會還沒教會他們生存的正確方式。

於是他們選擇了最粗暴的幾種方式——偷、搶、騙，甚至殺人。他們只是無知地認為，既然別人可以，那麼我也可以。至於被員警抓到，這根本不在他們的考慮範圍之內。

這些年，這樣的人被陸續送進監獄，犯下嚴重罪行的還在繼續服刑，罪行沒那麼嚴重的，出來之後也發現，以前的粗暴手段越來越不適合現在的城市。到處都是監視器，普通人身上再也沒有多少現金可以搶劫，很多人因此按下了心中的惡念。

但何沐顯然是不知悔改的那一類人，有竊盜前科的他，只要一發現犯案機會，惡意就會釋放，「他們可以，我也可以」。當我問何沐為什麼一定要殺死女孩的時候，他抬起之前一直耷拉著的腦袋，瞄了我一眼，隨意地說：「她認出我了，不殺她沒法跑，抓到了至少也得蹲十年。」

在他們看來，蹲十年大牢和亡命天涯之間是不需要權衡的。搶劫殺人的罪行，從他嘴裡說出來卻格外平淡，沒有歇斯底里的咒罵，甚至沒有一絲情緒上的起伏。

我想替女孩譴責他、咒罵他，但我知道，這樣做沒有任何意義，何沐不會悔改。

我走過去，再次檢查了一下何沐的鐐銬，將已經銬牢的手銬和腳鐐又壓緊了兩格。我想，這樣或許能讓他體會到一點被捆綁和束縛的痛苦。

只要有我們在，他們不可以，何沐也不可以。

06

深淵之下

我只是一個法醫，解剖臺才是我最熟悉的地方，拿了那麼多年手術刀，突然要我拿起話筒對外發聲，真的太難。面對來自四面八方的聲音，我知道自己唯一能倚仗的，只有證據。

案發時間：二〇〇四年六月。

案情摘要：尼姑殺人案的凶手當庭喊冤，法官「刀下留人」。定罪證據遭到質疑，作為法醫的我成為輿論中心。我需要將律師提出的疑點一個一個消除，讓證據像釘子一樣，一顆一顆釘住罪行，證明自己的清白。

那一天，法醫的命運被迫和一個死刑犯捆綁在一起，整整八年。有人指責他做偽證，有人說他不值得信任。稍有差錯，死刑犯出獄，他自己進去。

這個故事關乎的不僅僅是一個法醫的命運，背後的案件改良了整個區域的偵破流程。

法庭空曠，任何聲音都顯得格外洪亮。「被告人田華，犯故意殺人罪，判處死刑……立即執行。」

老法官大聲宣讀完最後一段，放下了手裡的死刑執行令。作為中級人民法院資格最老的刑事法官，今天很可能是他最後一次在庭上宣判。

旁聽的人已經開始陸陸續續往外走，相互間壓低聲音交談，發出一陣含糊的嗡嗡聲。突然，一個異常響亮的聲音從被告席上傳來：「我是冤枉的！我沒殺人！」

人們停住腳步，老法官也詫異地抬頭，所有目光一齊注視著被告席上的男人。

老法官工作了三十多年，見過數百名死刑犯，這些人經過長達數年的審判，對結果早有預見，被宣判的最後一刻，大多是恍惚和沉默的。但這個田華，從執行令宣讀開始，就一直重複著同一句話：「我是冤枉的！我沒殺人！」

庭內靜得可怕，喊冤的聲音在四周迴蕩。一個命案的卷宗多達數百頁，並非經辦者的老法官，現在手裡只有一份執行令。

田華被架著往庭外走去，他的叫喊聲變了調，越發聲嘶力竭。老法官心裡也越來越沒底。今天宣讀執行令的本不該是他，經辦該案的法官突然生病住院，老法官幫忙「客串」走個場。

就要退休了，老法官不想在這時出現冤案。看著田華被帶出審判庭，他沒有跟隨去刑場，反而叫住了副檢察長。

「我擔心案子有差錯，刀下留人！」

我聽到「刀下留人」這句話時，是兩週後——案件被發回重審。

推開會議室的門，局長、檢察院副檢察長、主辦該案的女檢察官已經在等我，他們還保持著上一秒閒聊的姿勢，見我進來，一瞬都不再講話。

屋裡的空氣像是突然凝結，三個人面對著我，正襟危坐。「案件的關鍵點還是在廖法醫這邊，我們來是希望再次確認一些細節問題。」副檢察長率先開口，態度客氣。

兩年前，負責田華案的法醫是我的同事，後來他調回家鄉，我接手了。不是自己一路跟下來的案子，我心裡多少有點忐忑，所以當初拿到案件資料，我最先翻看的就是證據。

田華被捕後顯然意識到了什麼，他的口供前後多達九次，起初他還承認有罪，等案子到我手裡的時候，他開始一次次推翻先前的口供，辯解自己無罪了。

雖然口供不穩定，當年的辦案過程也存在一些瑕疵，但萬幸的是，案發現場有田華留下的血跡——這是定罪的鐵證。

我定了定神，從檔案袋裡翻出上百張照片，再一一排列，長長的會議桌被占掉了三分之二。女檢察官拿起其中一張，多少帶點質疑的口氣發問。我一邊解釋，一邊遞給她幾張照片，都來自案發中心現場。

那裡是一座尼姑庵，上下兩層。一樓佛堂裡，金色觀音像一臉平和慈悲，二樓，凶手卻在祂頭頂上方大開殺戒。

兩個尼姑倒在二樓地上，原先素淨的長袍，浸透了鮮紅的血液。其中一個尼姑明顯經歷了一番搏鬥，但只讓凶手受了點小傷。我們在屋內提取到了「第三人」的血跡。

凶手沒有絲毫憐憫，刀刀致命。血不斷向外湧，漸漸漫過大半間屋子，滴滴答答，濕透了二樓的地板。房間地板上遍布斑駁的「血鞋印」，但都來自兩名受害者。凶手為了不留痕跡，特意脫掉了鞋，他很小心，卻沒注意到自己的襪子沾上了血。於是，凶手在通往房間的路上，留下了一個扎眼的「血襪印」。

紅色功德箱上的掛鎖被隨意丟在一旁，裡面的錢已經被洗劫一空，零星散落的幾枚硬幣也淹沒在這片血泊之中。

金色觀音杏眼微闔，祂若有靈，一定靜靜注視著凶手離開。

「有些細節，後期需要你來補充。」看完了所有照片，女檢察官回到位子上，用筆記錄著什麼。

對於發回重審的死刑案而言，我知道這話的分量有多重。自從「辛普森殺妻案」之後，國內對現場證據的出處也越來越重視，用非法手段取得的口供物證只會是「毒樹」，只能結出「毒樹之果」。

我在走廊和女檢察官握手告別。臨走前，她說起代理這個案子的新律師：「蘇律師經手過很多大案子，聽說挺難纏，你要有心理準備。」

在我看來，案件本身鐵證如山，換一個律師能折騰出什麼花樣？我向女檢察官笑了笑，算是謝過她的好意。

很快，我就吃了律師一個下馬威。那段時間，我總在大清早接到女檢察官的電話，問我案發現場的細節。女檢察官告訴我一個重要消息，蘇律師會見完田華，一口氣提出了十幾個案件重大疑點。

我明白，他這是想仿效「辛普森殺妻案」的辯護過程，那起案子最後就是因為證據有瑕疵沒能宣判。田華案審理期間，我們圈子裡正掀起一陣「辛普森熱」，沒想到冥冥之中竟和我的案子產生了連接。

果然是辦過大案的架勢，蘇律師抓住了一個要點——只要證明卷宗裡的證據都是可疑的，他就有機會為當事人做無罪辯護。

我接手這個案子時，也反覆閱讀過卷宗，有的地方確實挺巧，比如田華落網的過程。發生命案後，他沒有像正常凶犯一樣逃竄外地，反而繼續在警方的眼皮子底下活動。那裡是一片工業區，多是外來人口，常常是還沒認清臉，對門就換了租客。田華藏在其中，給警方的調查帶來了很大的困難。

眼見警方的動靜越來越小，田華幹了一件出乎所有人意料的事：身背命案，還跑去朋友家偷東西，只偷了三百元。警方趕到，把田華逮了個正著。他之前沒有正當職業，竊盜賭博，前科累累，早就上了警方的黑名單。

負責抓捕的勝哥掏出手銬，意外看到上面刻著「四川峨眉山警械廠」幾個字。他猛地聯想起尼姑庵發生的凶案，受害的兩名尼姑正是當地做生意的人從峨眉山請過來的。

更讓勝哥血往頭頂上湧的是，田華手上有新傷口！結合這個人的「黑歷史」，他腦子裡暫態響起警報，一刻沒耽誤，扭送田華去驗了血。結果顯示，田華的DNA與尼姑庵現場凶手留下的血跡完全吻合。

案子辦多了，這種程度其實都算不上巧合。沒日沒夜的搜查、取證，我們比凶手多的不只是運氣。至於為什麼在殺人之後還敢「出手」，田華有兩種說法，起先是說朋友欠了他幾百元不還，就想著去拿點東西抵帳。後來他又不承認了，說報警的人跟自己有仇，自己是被陷害的。

田華的反覆無常，新律師的不遺餘力，都讓我對自己手上的證據更加慎重。我的對手們顯然意識到，這是一樁「認罪必死」的案子。我需要將律師提出的疑點一個一個消除，讓證據像釘子一樣，一顆一顆，釘住罪行。第一顆「釘子」，就在案發現場。

打開門上的掛鎖，我伸手推開尼姑庵的鐵門，生鏽的門閂發出一聲刺耳的「嘎吱」聲。雖說是尼姑庵，但從外表看就是一個有些簡陋的二層小樓。

在廣東，觀音信眾很多，如果不是發生了命案，這裡也應該是香塔壘得老高，燃盡的香灰積下一層又一層。

現在，這裡儼然一幅被廢棄的景象。解封初期一兩個月，尚有附近的村民來打掃，但是很快就再無人光顧。命案後兩年的時光裡，塵土侵襲了庵內所有的角落，我穿著鞋套走過，在地面上留下了一串清晰的足印。

從大門進去就是一樓的佛堂，正中神龕上，那尊一公尺多高的金色瓷質觀音像依然立在那兒。儘管已經落滿灰塵，但觀音像還是一副慈悲面容，當初，血案就發生在觀音像正上方的房間裡。

我本能地抬手想要拜一下，又突然反應過來這是案發現場，不太合適，只好作罷。不知道田華拿著刀從普度眾生的觀音大師眼前經過時，是否和我一樣，有一瞬心神動搖。

環顧了一圈破舊的佛堂，我嘆了口氣，向二樓走去，那是兩名尼姑生活的區域，也是案件的中心現場。原本鋪滿地板的血跡雖然被清理過，但樓板上依然留下了大片大片暗色印跡。一張長桌，上面只孤零零地擺著一個面紙筒。正是在這裡，我們提取到了田華的滴落狀血跡。

二樓有一扇橫窗，從最初的現場照片和痕跡來看，田華正是通過這扇橫窗進入現場的。但這一點受到了蘇律師的質疑。這扇橫窗寬六十公分，高度不足三十公分，開口扁而窄，外部沒有落腳點。他提出一個疑問，狹小的窗戶能否讓一個成年男性通過？

現在，這扇窗戶就在我眼前。我站上凳子，貼近窗口，撒上塵土。窗外，與田華身形相近的治安員頓了幾秒鐘，開始摸索著爬進橫窗，努力將自己塞進那個小口。

氛圍很緊張，所有人都盯著那扇橫窗。外面的治安員背對我們，臀部不斷搖擺，挪動向前。如果他停住了，卡住了，就意味著我們的證據將直接被推翻。

四周靜悄悄，錄影機閃爍著紅燈，鏡頭對準視窗，錄下了這一切。先是腿，再是軀幹，當治安員的頭也順利地鑽進來之後，我鬆開了自己捏緊的拳頭。這個治安員能順利通過，那麼田華也行。

治安員進入時在窗戶留下的灰塵痕跡，和現場照片上顯示的一模一樣，這說明凶手就是從這個窗戶攀爬進入現場的，我們最初的判斷並沒有錯。

律師的第一個質疑被釘上了「釘子」。我們收拾好工具，準備鎖上門離開。不知什麼時候，屋外已經聚集了數十個附近的村民。

見我們出來，人群裡前排的幾個稍稍低下頭，嘟囔道：「那個案子不是人都抓了嗎？還來這裡幹啥？」邊說，眼睛邊止不住地往我們身上瞟，嘴裡的叨咕也沒停：「聽說那個田華都快槍斃了，卻在刑場喊冤，上面說是要重新查。」

「你說會不會真的是員警栽贓啊？聽田華老婆說他膽子小得很，根本不可能殺人。」我側身從這些村民和他們的議論中經過。「誰知道呀，現在的員警除了會給我們開罰單，什麼案子都破不了。」

雖然我只是法醫，既不開罰單，也不抓人，但我是員警，穿著警服就不好與他們辯駁。一回組織，指揮中心就通知我，有家報社想就這個案子採訪我。

「刀下留人」以後，媒體對案子的關注越來越密切。新聞網站做了即時更新的案件專題網頁；各路媒體採訪完田華的家屬，又找來「專家」分析，連住在田華家附近的村民都忙著發表感想；甚至有記者直接打到我的私人號碼上想約採訪。

但「案件還在偵辦，具體細節不便公布」，這是指揮中心給出的意見。作為案件經辦人的我，在這一刻，只能保持沉默。

看著報導憑空發酵，自己卻不能發聲，我突然感覺很憋屈，就像被人打了一頓，我還不能還手。我拒絕的那些發言機會，最後都到了蘇律師那裡，他主動找來記者「爆料」。

一時間，大小報紙的社會版面整版都是這個案件。

我拿著那些報紙，看了看，沒有說話，又摺好放了回去。後來有人問我什麼感覺，我說，沒有什麼感覺。再有人問我，我還是說，真的沒有什麼感覺。當法醫那麼多年，我還是喜歡和屍體打交道，活人太複雜。

與我回避媒體不同，據說蘇律師是在報紙上看到這起「刀下留人」的奇案，自己找上門來的。不難理解，這種「刀下留人」的案件實在罕見。他影印了厚厚的卷宗，在看守所會見了田華。

看守所的弟兄告訴我，蘇律師翻看案卷的時候，田華就在一邊翻來覆去地辯解，辱罵員警。

「我沒有殺人！」太久沒有人可傾訴，田華見到蘇律師時，只反覆地說這一句。蘇律師知道，僅憑一份「死不承認」的口供顯然不夠。在各大報刊上，他提出了關於血跡的兩點質疑——怎麼證明田華的傷是行凶所致？怎麼證明現場血跡不是警方後來弄上去的？

案發現場的血跡，正是給田華定罪的鐵證。我們抓到人後，也確實在他右手食指上發現傷口。但按照蘇律師的說法，田華是一個膽小怕事的人，甚至會暈血，他慣用右手，如果右手持刀，搏鬥受傷的就該是左手。至於田華右手食指上的傷口，蘇律師說那是田華被捕前修剪橘樹弄傷的。

蘇律師正在撬動整個證據鏈的基石——田華留在現場的血跡。只要推翻這個證據，殺人指控就會土崩瓦解。我是一個法醫，耍了那麼多年刀，對這玩意兒再了解不過。

在普通人的想像裡，搏鬥中容易受傷的是非持刀手。實際上，由於普通小刀沒有護手，凶手捅刺時只要碰到骨頭，握刀受力的那隻手就容易滑出去，這種情況下食指是最容易受傷。

與田華搏鬥的尼姑，肋骨上有多處捅刺傷，這說明凶手捅刺時刀尖必定受到阻力，而田華右手食指的傷口就是典型的「捅刺行為」造成的損傷。至於律師說血跡是警方後來塗上去的，這根本辦不到。

現場取得的血跡照片，放大後能看到血跡呈「滴落狀」，這是液體血液才能形成的形態。但田華被捕後，我們沒有給他抽過成管的血。

我手頭只有一張濾紙卡，上面是星星點點乾燥的血跡，根本不足以拿到現場造假。可讓我想不到的是，這些幾句話就能解釋清楚的猜測，因為我的沉默，越發挑動了外界對於這起傳奇案件的敏感神經。那位素未謀面的蘇律師，此時完全站在我的對立面，圍觀人群心中的天平不斷向他傾斜。

我只是一個法醫，解剖臺才是我最熟悉的地方，拿了那麼多年手術刀，突然間要我拿起話筒對外發聲，真的太難。面對來自於四面八方的聲音，我知道自己唯一能倚仗的，只有證據。

但我遠遠低估了這股「聲浪」的能量，在接下來的對抗中，這無形的浪潮幾乎將我淹沒。就在蘇律師向媒體「爆料」後的第四天，我的同校師兄李法官，向我出具了法院的公函。我盯著那張薄薄的A4紙，足足一分鐘。

白紙黑字，公函上的要求寫得很明確——封存、檢查原始的DNA檢驗紀錄和電子資料。他們想要將物證從我這裡帶走，委託協力廠商鑑定。

我看了師兄一眼，他雖然臉上帶笑，態度極為和藹，說出口的話卻是在下達指令。我沒有選擇。

我預料到這個案子會進一步核查物證，但法院現在提出的要求，擺明不是簡單的懷疑。對於一個法醫來說，專業水準被質疑不可怕，誰都不是萬能的。但這樣一封公函，是我職業生涯第一次面臨如此嚴酷的指控——做偽證！這比破不了案更讓我難受。

來人在師兄的指令下開始忙起來，每個人都在拍照、四下翻找。我定定地站著，像置身在一場風暴的正中心。

「喀嚓喀嚓」，照相機按下快門的響聲，讓我的太陽穴突突直跳，就像被脫光了衣服一樣，渾身不自在。下一秒，我逼迫自己挪動腳步，接過法院的USB，把手僵硬地放到滑鼠上。伺服器的紀錄顯示，電子資料沒有任何修改痕跡，早在田華被捕三天前，我們就得到了現場血跡的檢驗結果。

除非我們能穿越時空，否則蘇律師所謂的造假指控，根本不存在。從嗡嗡鳴響的機房出來，我在前帶路，一行人沉默地向另一棟大樓走去。那裡是存放物證的檔案室。我將他們留在門口，穿過眼前一排排架子，熟門熟路地翻找。最後，我親手把裝著關鍵證物的牛皮紙袋交給師兄。

看著即將被取走的物證，我不由得衝動起來，大聲說道：「原始紀錄你們可以拷貝走，但是物證必須留一半給我。你們不信任我的檢驗結果，我同樣不願意相信你們選取的協力廠商機構！」

我說完抬起頭，面對師兄的雙眼，保持直視。我不介意補充各種材料，也不抵觸去完善疏漏，唯獨無法面對有關自己職業的質疑。被懷疑做「偽證」的那一刻，我居然慌了。如果這些不存在的事被輿論坐實，等待我的可不是革職那麼簡單。

之前曾有人收錢做偽證，原本應該送人進監牢，最後把自己送進去了。更嚴重的是，鑑定結果只要錯過一次，後面再出具的檢測報告都會讓人指指點點，給隊裡抹黑。

就在田華案前不久，我們隊裡曾出過一起錯案，當時隊裡氣氛已經很緊張，再出一次類似事件，無異於火上澆油。現在，血跡樣本被一分為二，我拿著剩下的一半。接下來，我只相信手裡的證據。

「這是怎麼一回事？」隊長將手中的報紙拍到了我的辦公桌上。社會版上，大大的黑體字寫著「刀下留人案再現轉機：現場未發現嫌疑人ＤＮＡ」。

眼神觸及那行黑字的瞬間，我就反應過來，這是蘇律師找到的「最新突破口」。報導說，我被取走的那一半材料，在中山大學法醫鑑定中心檢驗了，其中四號檢材中沒有發現田華的ＤＮＡ。

對於這樣的檢驗結果，我並不意外。法院拿走的僅是一半檢材，檢驗結果不理想很正常。這也是我要求留下一半物證的原因。反觀這篇報導，通篇都只強調沒檢出來的四號，對其他檢驗結果卻隻字不提。文末還得出結論：警方之前的檢驗報告都是錯的，不具有法律效力。

我抬起頭，深吸了一口氣，看向隊長：「一份檢驗不理想，根本不能推翻之前的鑑定結論。」

我相信自己，更相信手裡留下的另一半證據。臨近下班，實驗室所在的大樓空無一人，整棟樓只剩我的實驗室和門口值班室的燈還亮著。

我打開門禁，把物證拿進實驗室，開啟了錄影。我小心地把密封袋剪開，再次取出那三根檢出田華ＤＮＡ的棉花棒。現在它只剩一半了，沾染的血跡所剩無幾，有一根甚至只能隱約看到一點淺粉色的暈染痕跡。

我屏住呼吸，將剩下的染血棉花棒小心翼翼地全部剪取，滴入DNA提取試劑，目光全程盯著那個小小的塑膠管。現在我能做的，只有耐心地等待。

夜晚是一個適合做實驗的時間，沒有嘈雜的議論，沒有亂哄哄的人群。四下寂靜，只有頭頂白熾燈管工作的電流聲。透過實驗室的窗戶向外望，除了星星點點隱約的光亮，只有我自己倒映在玻璃上的影子。

法院已經委託了協力廠商檢驗機構，我的檢驗結果不會作為參考。這次實驗，我只為給自己一個交代。午夜時分，距離我滴下試劑已經過去六個小時，我點開圖譜，一個一個開始對照。

窗外一片漆黑，不知什麼時候，值班室的燈也滅了。全部對照完畢，我關上了整棟樓的最後一盞燈，拿著檢驗結果，闔上了實驗室的門。我做出的結果和最初的檢驗結果相同——DNA分型與田華的完全一致。

穿過兩道鐵門，我靜靜地站著，等著。這是一間不到三坪的小屋子，一道鐵欄杆把它一分為二。我的對面豎著一把鐵椅子，四隻腳都被固定在地面上。我在這裡等來了田華。這是我接手案件兩年後，第一次見到這個男人。

田華在最初的筆錄裡交代，他戴著手套潛入尼姑庵，行凶後將兩樣東西丟在旁邊的河溝裡——手套和刀。可惜的是，後期我們並沒有發現這兩個關鍵物證。

沒有凶器，沒有指紋，想要穩穩釘住田華的罪行，我還差一個「釘子」，而此次見面的目的，就是從田華身上拿到它。

雖然沒有指紋，但凶手在案發現場留下了一個清晰的襪印。隊裡早已出具過一份檢驗意見，足跡就是田華的。但蘇律師查閱檔案後發現，兩個簽名的痕檢技術員中，只有一個具有足跡鑑定資格，但檢驗意見兩人都簽了名，所以該意見無效。這次，我聯繫了省廳的足跡專家出具檢驗報告，我親自取田華的襪印。

因為需要他的配合，我沒有把他關到欄杆那頭的小隔間裡，只是讓他戴著手銬和腳鐐站在偵訊室的中央。我打量著眼前的年輕人，不到一六五公分的個頭，五十五公斤上下，這些天和我一同站在輿論風口的男人竟如此瘦小。

深深的眼袋，垮塌的嘴角，平淡無奇的長相，看不出絲毫的暴戾和凶狠。略顯寬大的黃色囚服套在他身上，有種空蕩蕩的感覺。一個轉身就會隱入人群的人，居然殘忍地奪走了兩條鮮活的生命。

他疑惑地看著我這個陌生的面孔，話語輕佻，一張嘴就知道是個老油條。「阿 Sir，又要折騰什麼呀？」

「採足跡，配合一下。」我示意看守所的戒護員將他的腳鐐打開，拿出準備好的墨水匣和白紙，還有一雙襪子。

「有沒有菸？給一根？」他伸出雙手，懶洋洋地向我討要。

「沒有，我不抽菸。」我埋下頭，避開了那雙渾濁的眼睛。

「以前不是弄過嗎？為什麼還要取？」他用銬著的雙手接過我遞過去的襪子，慢吞吞地往腳上套。

看著他把襪子穿得皺巴巴，我伸手過去幫他弄平整，「該告知的時候，你自然就會知道。」我依然沒有抬頭。

我在地面上攤開一張白紙，將捺印的油墨均勻地塗在他的足底，然後讓他踩上去。一個黑色的足跡呈現在我眼前，完整、扎實。

檢查完採取的足跡樣本，我對上他的眼睛，平靜地說：「你以為喊冤就能翻案嗎？」

「至少我還活著。」田華把襪子扯掉，隨手扔在一邊，甩了甩手，頭也不抬地回我。

「明知道結果，等這麼久不難受？」我依舊沒有移開目光。也許是感受到我還盯著他，他站直了身子，微微揚起下巴，挑釁意味十足地說：「能比你們審我時更難受？」

面對他肆意的指責，我平復了一下心情，開口說：「審訊的時候有監視器，你身上也沒有傷，根本沒有刑訊逼供。」

田華沒有再說什麼，我示意戒護員將他帶走。看著他被重新戴上腳鐐，我晃了晃手裡的包，說：「我有證據。」

他回過頭，瞪圓了眼睛向我大聲喊：「我沒有殺人！是你們冤枉我，我不會認的！」說完，一步一步挪向囚室，腳鐐和地面摩擦著，咯啦——咯啦——案件證據都已準備妥當，我和田華即將迎來最關鍵的一次對抗。

檢察官打電話的頻率由開始的一週十幾次，變成了幾週一次，這預示著證據越來越完善。田華離最終的審判也越來越近。

那一天終於到了，法院會對ＤＮＡ檢驗鑑定結果、田華襪印當庭質證。我無法作為鑑定人出庭，但提前安排好了工作，計劃去旁聽。雖然對檢驗結果有信心，可我還是無法放鬆下來。

近期的報導充斥著各種揣測，這是田華翻案的最後機會，蘇律師一定會全力以赴。如果法官被輿論影響，律師再做出對我不利的論述，我依然面臨挑戰。釘子釘得牢不牢，還要看這最後一下。

結果開庭那天早上，我臨時接到隊長的電話，有一起突發命案要出現場。我試探性地爭取了一下，但電話那頭，隊長的語氣著實為難：「實在沒人手了，還是你去吧。」

開庭的法院就在公安局的隔壁，走過去不過短短兩百公尺。那裡即將開始的庭審事關三條人命和一個法醫的職業榮譽。但來不及猶豫，我朝相反方向，第一時間趕往又一起命案現場，錯過了當天田華案的庭審。

當我帶著一身疲憊回到辦公室，已是下午。前去旁聽的法制科同事告訴了我庭審的經過：同事費勁鑽進橫窗的努力沒有白費，攀爬的偵查實驗得到了認可；我親自到看守所幫田華穿襪子，提取到的足印也被採納；血跡的協力廠商鑑定人、中山大學教授作為專家證人，出庭接受了質詢。他當庭向蘇律師解釋，四號樣本未檢出DNA是因為血跡的量太少，其他兩處血跡檢出的結果與最初一致。

懸著的最後一顆釘子終於敲定。不管過多少年，審多少次，這些證據都足以將罪行釘死。聽完庭審的情況，我長吁一口氣，什麼也說不出。我在空蕩蕩的走廊裡，靜靜發了會兒呆，轉身回辦公室，在沙發上補了一覺。

經過漫長的一審、二審、最高法院的死刑覆核，從「刀下留人」算起，時間又過六載。我還是會不時聽到有關案子的消息，田華依然堅持喊冤，但媒體的報導卻再也沒有分給他更多的版面。

蘇律師陷入了困境，一起命案的訴訟，平均會耗掉一個律師兩年，而田華這個發回重審的案件會耗多久，他無法估計。

終於，在第四年案件二審之後，蘇律師放棄了這個案件。媒體和大眾需要的只是結果，我和檢察官們還在慢慢完善案件的細節。補充的案情說明加上各種材料近百頁，紙質檔案袋因為磨損，前後替換了三次。

我的辦公桌上，檔案袋來了一批，又還了一批，只有田華案的檔案在我抽屜裡一放就是六年。

雖然一次次的交手，讓我打從心裡感到疲憊，但這起案件後，我們內部辦案的流程都嚴謹了不少。

我們會追溯物證的源頭，各部門間對同一件物證統一稱呼，凡是從現場取得的物證都會無一遺漏地拍攝特寫細節照片。

誰也不知道，會不會出現第二個田華。

案件辦完那天，我叫來勝哥一起吃飯。我們倆乾了一杯可樂，感慨著破案過程的漫長，他接過話頭說：「其實早都註定了。」

勝哥又想起八年前抓田華時，銬在田華手上那副印著「四川峨眉山警械廠」的手銬。廣東與四川遠隔千里，給我們供應警械的廠家也不是四川的，那副手銬估計是出差辦案的弟兄偶然帶回來的。殺死了峨眉山的弟子，又被峨眉山的手銬銬住。「老天都不會放過他。」

我放下杯子，示意勝哥看看桌上的報紙，我刻意摺好了一頁留給他看。一張田華的照片映入眼簾，那個六年前在法庭上大喊冤枉的人穿著看守所的馬甲，戴著手銬，面容枯稿。旁邊附著田華案的最新消息：「曾備受關注的『刀下留人案』經過六年的重新審理後，罪犯田華於昨日上午第二次被法院判處死刑，並於判決後立即執行。」

這一次，再沒有喊冤，也沒有刀下留人，田華得到了應有的審判。我終於可以把這個案件的檔案，放回到六年前它就該在的位置。

夜已深，我關掉辦公室的燈。今夜平安，睡個好覺。

07

屍體黑市

我不知道我還會見證多少生離死別，不知道有多少屍體依然無法被家屬尋回。但是我想，我每次多做一點，也許就能多幫到逝去的人一點，也許就可以多告慰一個生者。

案發時間：二〇一七年八月。

案情摘要：車禍現場屍體疑點重重。經驗屍，車內屍體並非車主，且死者在車輛燃燒前已經死亡。驗屍身分與來源不明。

死者：？

屍體檢驗分析：骨盆腔內見子宮，女性。屍體完全碳化，頭顱爆裂，頸部氣管及腸部外露，四肢離斷，焚燒程度異常。腹腔內臟器腐敗嚴重，屍體在被焚燒前已經發生腐敗。

制定抓捕方案的大會上，一屋子刑警弟兄把我的師兄，小個子法醫李軒，圍在了最中央。隊長看著這幫平時人人都大膽的傢伙，這會兒一個比一個傻，無奈點了李軒的名，請他務必參加這次的抓捕行動。

按理說，法醫只管解剖臺上「不會動的」，不參加抓捕行動。但這次出任務，刑警弟兄們態度十分堅決：不帶上法醫，不去。

隊長對李軒說：「有你陪著去打前站，其他人也會安心一點。」

做了二十多年法醫的李軒閱屍無數、見多識廣，他第一次覺得自己像「鍾馗」，要被帶去抓捕現場「辟邪」。在座的別說抓捕現場，再慘烈的凶殺現場都去過，可一提起這次抓人要去的那個地方，每個人心底都害怕。而這一切，還得從法醫李軒接手的一具詭異的屍體說起。

那天，李軒換了一副手套，目光轉向解剖室推車上的最後一個屍袋——它已經在冰櫃裡躺了三天了。裡面裝著一具交警移交過來的屍體，由於一直沒有家屬簽字，直到今天才辦好強制解剖的手續。

李軒打開屍袋，屍體已經完全碳化，像一隻蜷曲的黑色大蝦，頭顱爆裂，腸子外露，四肢離斷，露出燒焦的骨頭。

三天前，屍體在一部正在燃燒的ＢＭＷ轎車上被發現。看到屍體的第一眼，李軒就覺得疑惑：屍體的頭髮已被燒光，頸部氣管暴露，軀殼裡一片黑梭梭的樣子，透過燒透的胸部甚至可以看見發黑的肺臟。汽車起火能把屍體燒成這樣？

交警移交過來的屍體大多都是因交通事故損傷死亡，焚燒只是隨後的損害，在車禍中燒成這樣的屍體真不多見。

稍微一翻動，屍體表面的衣物灰燼就唰唰往下掉，他給屍體翻了一個身，沒發現一塊完整未被燒過的皮膚，單憑肉眼根本看不出是否有出血、結痂等「活體反應」（vital reaction），也就無法分辨生前傷和死後傷。

是被燒致死，還是死後被燒？這種「火場屍體」最考驗法醫工作的細緻程度和對線索的敏銳度。不僅大火會摧毀屍體，後期滅火的大量乾粉泡沫、水流沖刷還會破壞屍體上的線索。

燒焦的屍體早已辨識不出面容，可李軒卻要跟他「問」出其生前的身分和死因。黑色的灰燼黏在李軒的手套上，他換了一副新的，拿過手術刀。肋骨被切開，一股奇怪的焦味混合著臭氣忽然湧了出來。

臭氣？腐敗的味道。燒焦的屍體解剖時照例應該發出焦糊的「肉香味」，而眼前這具屍體從送來就一直存放在冰櫃裡，怎麼會有腐敗的臭味呢？

李軒心裡犯嘀咕，手上加快了速度，解剖刀來到了腹部。他在骨盆腔裡找到了子宮，是具女屍。這並沒有讓他鬆口氣，因為緊接著他就發現，腹腔裡那些沒有被燒到的臟器果然都有不同程度的腐敗。

交通意外發生後屍體立刻就被送到了殯儀館，哪怕經過幾小時的解凍，內臟的腐敗程度也絕不會這麼嚴重。

只有一種可能：這不是交通意外，屍體在被大火燒焦之前已經發生腐敗了。

李軒摘掉手套，打電話給隊長。從現在起，這不再是交警負責的範圍了。

一起普通的交通事故經由李軒的解剖，現在成了刑事殺人案。李軒直奔交警扣車場，那輛跟女屍一塊兒被燒焦的ＢＭＷ就在那裡。那是一座龐大的車場，交通隊最新查扣的違規車輛都停在門口，越往裡走車上的塵土越多。轉到靠右邊的角落時，李軒就再也看不到一輛完好的車了——

有車頭塌陷的、車尾塌縮的，還有甚至被攔腰撞成兩截的殘骸，破碎的電線和鐵條斜斜地伸向天空，簡直是個「車屍殯儀館」。

李軒因為自己的聯想自嘲地笑了。法醫的職業病，看什麼都容易往屍體上聯想。烈日炙烤下的車場裡，那輛被焚燒的ＢＭＷ的「屍體」就躺在最角落，露天放置，燒得光禿禿的車架子即便在一堆車輛殘骸中也格外顯眼。

居然沒人保護現場？「那邊不是有棚嗎？前兩天還下過雨！為什麼不遮起來？」李軒

忍不住發飆。

一旁的交警黑著臉介紹完案情，再也不願陪著這個暴脾氣的小個子法醫，趕緊溜回車場門口的辦公室了。

ＢＭＷ是三天前的傍晚在一條通往爛尾樓建築工地的岔路上被發現的，當時車頭撞上路邊的混凝土墩子燒了起來。一位摩托車騎士遠遠看見火光才報警的，等消防車過來時，火都快熄滅了。

驗過女屍，李軒現在要給這輛車的殘骸進行「驗屍」了。他灌下半瓶礦泉水，戴上手套，打開工具箱。

李軒圍著ＢＭＷ光禿禿、黑梭梭的鐵架子緩緩漫步：車窗全部爆裂，輪胎完全熔化，車內原本豪華的內飾被火焰吞噬得乾乾淨淨，駕駛座只剩下一些金屬框架和綳著的彈簧。

ＢＭＷ「屍體」的慘狀與女屍很像。李軒腦海裡類比著車輛燃燒的畫面，一定是一場猛烈的燃燒。李軒用鉗子小心翼翼地將那些黏附在駕駛座上的黑色膠狀物撬了下來，連周圍的灰燼也沒有放過，都裝進密封袋。

像這種車內各個地方都燃燒得這麼均勻、猛烈的情況也很罕見。而「罕見」，往往意味著「有疑點」。李軒將塑膠密封袋放回工具箱，摘下手套。這些東西會被送回實驗室，用來檢驗現場是否曾有過不尋常的可燃物，比如不應該出現在車內的——汽油。現在不排除這場車禍有人為縱火的可能。

離開車場的時候，他特意到門口找到交警，說：「給那臺車架找個能擋雨的地方。」「又沒有人要，叫了他老婆幾次，都不來辨認。」交警不耐煩地說了一句。

李軒一個冷顫，問：「你說什麼？車主的老婆！」

李軒清楚地記得，解剖臺上那具燒焦的屍體雖然外表性徵已被燒毀，但骨盆腔裡有子宮，絕對是女性！李軒立即追問這輛ＢＭＷ車主的資訊。這一問不要緊——車主是男性，還是個富豪。

王成富，四十多歲，早幾年做服裝外貿生意，風光過一陣子。但近幾年，隨著市場行情低迷，王老闆雖然還開著豪車，實際上公司已經資不抵債，帳戶上虧空了上千萬。

可以確認，ＢＭＷ車裡的不是車主王成富。那被燒焦的女屍是誰？為什麼會出現在王成富的車裡？李軒和同事馬上著手調查了王成富身邊的女性。

王成富的老婆年前就和他分居了，還帶走了兩個孩子，兩人大半年都沒怎麼見面，唯一幾次聯繫還是向王成富討要孩子的生活費。可一提錢王成富就推託搪塞了事，也從來不去看孩子，所以交警通知她來認車時，她根本沒興趣。

其他女性大多是生意上的往來，女債主裡也沒人失蹤。王成富倒是有過一兩個情人，但在他債務纏身後就再沒怎麼聯繫過。外偵組也核實了，幾個昔日的情人都活得好好的，沒出事。

查了一大圈都沒發現可疑的人，可王老闆就這麼「失蹤」了，只在他的BMW裡留下了一具腐敗後又被燒焦的女屍。

外偵組查到一件事很蹊蹺。車禍前幾個月，王成富給自己買了份保額五百萬的保險，受益人是他的老婆孩子，而這起交通事故恰巧發生在保險觀察期過了一週的時間。

也就是說，如果車禍被定性為交通意外，屍體被認定成是車主，王成富的妻兒就能得到一筆五百萬的保險賠償。隊長把情況告訴李軒，並說出了自己的考慮：「可能這小子是想詐保。」

但李軒當即表示不可能。因為最大的漏洞就在他的解剖臺上擺著——車裡被燒焦的是個女人！就算王成富想裝死詐保，也該弄個男屍來頂罪，哪有這麼傻的？何況上哪兒能隨隨便便搞來一具屍體？

送去檢驗的車內燃燒物也給了李軒一顆定心丸，裡面化驗出了「汽油」的成分。這說明BMW著火不是交通意外，而是有人故意潑了汽油焚車燒屍。從現場和常理來推斷，這更像是一樁殺人焚屍案。

李軒推測，女人是被王成富殺死之後，藏屍了一段時間，可屍體漸漸開始腐敗，為了處理掉屍體，他不得不放火燒車，偽造車禍的假象。

送去檢驗的女屍很快有了DNA比對結果。死者名叫楊曉梅，二十三歲，家住本省另一個地級市，十天前和男朋友吵架後失蹤，家人報了案。當地派出所提取了她父母的DNA樣本，輸入資料庫。

偵查組立即聯繫當地警方，得知女孩的生活軌跡很簡單，從小就在當地讀書，這兩年也都在家附近工作。奇怪的是，她從沒來過我們這個小城，也沒有朋友同學在這裡。可現在，她的屍體偏偏出現在這個離她家三四百公里遠的地方。

她失蹤了十幾天，但按解剖看到的腐敗程度，死亡時間並沒有那麼久。從死亡到焚燒，這之間必定有一個相對安全、不被人發現的藏屍場所。李軒腦子裡蹦出了一個再合適不過的地方：富豪王成富的家。那裡極有可能是第一現場。

王成富家是一個獨棟的別墅樓，帶個小院，極為僻靜。李軒剛到就感覺到不對勁——大門的門把手上積滿灰塵。

推開門，院子裡一棵桂花樹花開得正旺，而旁邊花盆裡的花幾乎都枯萎了。一看就是很久無人照料。屋裡也沒幾件像樣的家具，冰箱空空的，地面上已經積滿厚厚一層灰塵，卻沒有一個新鮮足跡。

這裡至少有一個月沒人住過了，不像是個發生過命案的地方。李軒正準備繼續核查王成富的其他住所時，隊長的新消息來了：通過比對道路監視器，王成富案發時間段的行蹤已經確定。

此前一段時間，王成富不是在酒店就是在公司過夜，既沒有外出也沒有回過住所，只在ＢＭＷ被燒的前一天開車從本地去了幾百公里外的Ｓ市，並且當天晚上就回來了。

讓人興奮的是，Ｓ市就鄰近死者楊曉梅所在的城市！這是兩人唯一可能產生交集的地方。但這裡有個說不通的疑點：楊曉梅的死亡時間。

根據屍體的腐敗程度推算，楊曉梅在王成富到達Ｓ市時應該已經死亡，甚至開始腐敗了！怎麼和王成富見面？

「這樣看來，王成富又不大可能是凶手了。」李軒和隊長對坐著，一起吞雲吐霧，作為隊裡最資深的法醫，他懷疑自己的思路確實跑偏了。

如果是個靈異愛好者，這時估計立刻就會聯想到「死人搭車」、「怨鬼纏身」等各種鬼故事。但是作為法醫，一個腐敗的屍體出現在王成富的車上，之後還被焚屍燒車，李軒心裡只有四個字：毀屍滅跡。

但這樣看仍然很牽強。如果不是王成富殺了人，他為什麼要放在自己的車裡焚屍？就算是幫別人毀屍滅跡，也犯不著賠上一輛ＢＭＷ。這個年頭就算是「幹髒活」也不值這個價碼。

難道真是為了詐保？那屍體從哪兒搞的？王老闆為什麼不直接找一具男屍頂罪？能回

答這個問題的，恐怕只有「失聯」的王成富本人了。

兩天後，在一個日租房裡，員警找到了王成富。員警衝進房間的時候，王成富正坐在屋裡唯一的小凳子上吃著便當。他並沒有太虧待自己，便當是從大酒店拿的外賣，桌下還有大半箱沒有喝完的罐裝啤酒。

王成富被突然闖入的員警嚇傻了，他說自己根本沒有預想過這樣的畫面，在他的想像中，最多只是債主追上門來。被一群荷槍實彈的員警直接撂倒，王成富委屈極了。「我不過是燒了一具屍體。」

這話乍聽沒什麼毛病，可是王成富接下來的話讓包括李軒在內的所有員警都驚呆了——「屍體是『屍體黑市』買的，兩萬塊，就在S市的海邊。」

「黑市」和「買屍體」，這兩個詞語出現在一個虛胖的前富商嘴裡，讓李軒都有些吃驚。當了二十多年的法醫，李軒第一次聽說專門買賣屍體的市場。之前他最多聽說過中原地帶有配冥婚的習俗，可能存在買賣屍體的情況。但本地人對屍體從來都是躲得遠遠的，平日裡不得不去殯儀館送葬時，死者家屬都會私下給送葬的親友「洗頭費」，好讓他們去去晦氣。

我也曾看過關於黃河撈屍人的報導，他們幫人撈屍，也會順手將河裡的無名浮屍撈起來，等家屬找來，收點錢後再交還。有些屍體可能長期無人認領，撈屍人還會修建一些存屍場所。但本地從來沒有這樣的習俗。

詐保、逃債、燒屍？根本支撐不起一個市場，更何況半公開買賣屍體。

根據王成富給的位址，李軒和同事們在地圖上給那個不知名的角落取了個簡單的名字：屍體黑市。

刑警隊馬上召集了所有人開碰頭會，準備抓捕。會上，李軒這個法醫儼然成了大家的「護身符」。

就這樣，一個法醫，三個偵查人員，開著一輛車齡超過十年的麵包車，直奔傳說中的「屍體黑市」。

平時去抓人，他們都是帶著手槍和手銬就出發了，這次李軒特意帶了一個法醫勘查箱，裡面塞了好幾盒手套。李軒還專門帶了一把手槍在身上——法醫出現場帶槍，當時在局裡是破天荒頭一次。

在李軒的想像中，這種存放屍體的場所多半是在偏僻的角落，像那些黃河浮屍報導中的圖片一樣，屍體一字排開躺在平房的地上。但拐到一段凹凸不平的碎石土路走了十幾分鐘後，李軒卻看到了一個不大不小的廠房，就在離入海口不遠的林地後面，周邊沒有任何居住的痕跡。

磚牆圍繞，鐵皮屋頂。李軒和其他三個同事認真地檢查了手槍和裝備，兩個外偵人員先下了車，步行慢慢靠近。李軒和另外一個同事則緩緩開車向前靠近。

在他們的情報裡，「屍體黑市」平時只有一個守門大叔。廠房的圍牆很高，兩扇生鏽的大鐵門緊閉著，有一個簡陋的警衛室在廠房門口，遠遠看著和普通工廠沒什麼區別，只是走得越近，越能聞到一股明顯的腐敗臭味。

李軒和車裡的弟兄相互打量了下對方，確定彼此身上沒有暴露身分的物品，尤其是警褲、警用皮帶、警鞋之類惹眼的東西，才下了車。

四人走了過去。警衛室關著門窗，隔著窗朝裡望，一個五十多歲的大叔裸著上身，吹著風扇，正拿手機看電視劇。

砰砰，同事拍了拍窗——「王哥介紹過來的，買條『鹹魚』。」

出發前李軒他們和王成富對過黑話，這些人把屍體叫「鹹魚」。

「哪個王哥？」聽到陌生的口音，大叔警戒地轉頭打量李軒兩人。

「廣州的王成富，王哥。」同事遞過去一支菸。「前幾天他不是才來過嗎？就他介紹過來的。」

來之前，隊裡讓王成富聯繫了「屍體黑市」的「何老闆」，裝作再次「買貨」。或許是有熟人介紹，又或者是那個「何老闆」生意做得輕車熟路，對方沒一點懷疑，說好一手交錢一手交貨。

值班大叔背過身給老闆打電話核實，隨後不耐煩地開了警衛室的門。

「你們在這兒等著，我去給你們『拿一條』。」大叔從抽屜裡摸出了一串鑰匙。

「我們想跟進去看看，行吧？」李軒趕緊上前兩步，將那包只抽了幾支的好菸塞給了大叔。

值班大叔在門邊換了雙水靴，打開廠門上的大掛鎖，說：「不怕嚇著就來吧。」待李軒他們一行人都進了大門，大叔又將門閂從裡面插上了。

李軒打量周圍，廠房圍牆內有一小片空地，平整的水泥地被太陽曬得滾燙。剛才的氣味更加明顯刺鼻了，難怪警衛室設在大門外，這麼熱的天也一直關著門窗。

走到那個外觀普通的廠房門口，值班大叔剛打開鎖，推開門，李軒一行人就愣在門口，動不了了。作為法醫，李軒對屍體已經非常熟悉，但是眼前的景象還是遠遠超出了他的想像——

雖然開了燈，廠房內的光線依然昏暗，一個個大約長兩公尺、寬三公尺、高四十公分的水泥隔間彷彿是放大的豆腐格子，而那些被稱為「鹹魚」的屍體，就與一堆冰塊一起，躺在這些大隔間裡，像超市海鮮冰臺上的魚。

有些屍體已高度腐敗，散發出獨有的難聞氣味，蒼蠅在上面亂飛。廠房的角落裡，一個大型的製冰機正發出轟隆隆的噪音。這裡就像一個大倉庫，屍體就像是貨物一樣，靜靜地漂浮在冰水混合物中，慢慢地腐敗，慢慢散發惡臭，直到有人將他們買走。

值班大叔手握一支長柄叉子，觸碰隔間裡的屍體，那些半漂浮在水裡的大冰塊與屍體被攪動，無聲地碰撞著。

陰暗的環境，腐敗的臭屍，製冰機的轟隆聲，讓本就坐了幾小時車才到這裡的李軒感到一陣難忍的噁心，這個老法醫不想再多待一分鐘。

李軒和同事對了一個眼神，對方只有一個人，雖然李軒不算健壯，但是兩個人足夠對付這個五十多歲的大叔了。

兩人默契地加快腳步，同事一個絆腿，李軒疾步上前，兩人合力把大叔撂倒，將他雙手擰到身後。

「幹嘛？幹嘛？」值班大叔立即大聲嚷嚷起來，他顯然沒有料到會出現這樣的情況。同事立刻掏出手銬把人銬住，往警衛室方向拖。

另外兩個同事也想過來幫忙，但他們都只是在工廠門口遠遠望一眼，就馬上退了出來。整整一工廠的屍體，都從哪兒來？又流向了哪裡？李軒不敢細想，只覺得頭皮發麻。

對警衛大叔的審訊很順利，在他言語中，除了充滿臭味，他的工作與普通警衛竟沒什麼區別。

原來，這裡是幾條大河的入海口，每年夏天都有上游的浮屍漂過來，這當中自殺者居多，屍體就擱淺在海灘邊，多的時候一天發現三四具毫不奇怪。一個夏天有幾十具，甚至上百具屍體從水裡被撈上來，卻很少有人來認領。

屍體很多早已腐敗，本地殯儀館的冰櫃根本沒法存放如此巨量的屍體，也不能把屍體放在冰櫃外邊發臭。死者無處可收殮，殯儀館多次找過相關單位，都無法解決這個矛盾。

這時，一個本地姓何的混混發現了「商機」。當地的老人信奉落葉歸根，入土為安，大多希望死後能夠大肆操辦，風光土葬。但是隨著全國推行火葬，市里關於屍體火化的規定越來越嚴，屍體必須火化之後才能辦理相關死亡證明文件。那些想土葬的本地人開始打起歪主意。

他們偷偷將海邊的無名屍裝棺，再送去殯儀館，說是自己的親人，以取得火化證明，而在此之前，他們早已將自己真正的親人土葬。

何老闆漸漸把這個「民俗」做成生意。他收買了當地民政局的工作人員，又和殯儀館談好價錢，包攬下收殮、存放所有無名水浮屍和流浪漢屍體的活計，然後專門賣給那些需要屍體冒充親人，換取火化證明的人。

有了門路，還需要人幹活。他看上幾個原本就是幹撈屍工作的打工仔，其中就有警衛王大叔。

王大叔二十多年前就在當地打工，他膽子大，不怕髒，以前就做過幫人撈屍的工作。一次偶遇何老闆，何老闆開出高薪，他便自告奮勇來存屍房守門。

王大叔說，一開始他們還怕人懷疑，做做樣子，在殯儀館相對空閒的時候送一些屍體去火化。但是慢慢地，他們發現即便自己不送屍體去殯儀館也沒人來過問。於是，一個在當地幾乎半公開的「屍體黑市」形成了，在這個產業鏈上流動的是一個個漂浮在水裡或是倒斃路邊的屍體。他們生前也可能是某個人、某個家庭最愛的人，死後隨河流或輾轉被送到「屍體黑市」，等待被買走，滿足買者的各種需求。

在警衛大叔的桌子抽屜裡，有一本記錄著「屍體黑市」交易紀錄的硬皮筆記本。上面清楚地寫著幾月幾日，收到從哪裡送來的一具屍體，有的文字上還有一道劃掉的橫線。

每一道橫線都表示賣掉的一具屍體。至於賣掉的是不是標注的那一具，沒人知道。在「屍體黑市」裡，李軒只看到十來具屍體，而薄薄的本子上足足有上百具屍體的線索。也就是說，僅僅這一年他們已經賣出去近百具屍體了，而更早時候被賣掉的屍體去了哪裡，已經無從查起。

他們的前世今生，他們的家人是否仍在尋找他們，無人關心。

據王成富交代，他就想逃個債，至於保險，能賠給妻兒最好，不能給也就算了，他暗示過老婆自己會跑路。難怪他老婆始終不肯去辨認車輛和屍體。

一年前，王成富在一次酒局上聽說S市有這麼一個「屍體黑市」，眼看債務快要到期，多年受港劇薰陶的他想到一計：假死脫身。

「電影裡不都是這麼演的嗎？一把火燒了，誰也認不出來。車也是早就抵押出去的，我也開不了幾天了。」

似乎把屍體丟進車裡一燒，員警就束手無策，案子也就一了百了了。

王成富打聽到了「屍體黑市」何老闆的電話，他在電話裡強調要一具男屍，但不敢明說自己是買來偽造死亡現場的。何老闆交代給警衛大叔時，雖然簡單提了一句要男屍，但對警衛大叔來說，屍體燒出來都是灰，性別沒那麼講究。

他隨手拉出一具短髮屍體就裝進了屍袋，根本沒細看是男是女。至於驅車幾百公里去取屍的王成富，光是後車廂裡那股味兒已經讓他一路上心神不寧了，哪有膽子「驗貨」，找好合適路段趕緊偽造撞車現場，潑了汽油點了火就逃了，連屍袋的拉鍊都沒有打開過，根本不知道裡面裝著的是男是女。

而那具已被燒得焦糊的女屍，全因為這一場烏龍被送到這個陰冷骯髒的「屍體黑市」，又被賣掉，最後到了一個法醫的解剖臺上才得以「說」出，她是誰。

後面的偵辦很順利。王成富因涉嫌詐保和侮辱毀壞屍體被送上法庭，買賣屍體的何老闆與王大叔也被逮捕，提供便利的民政局和殯儀館相關人等都被查處懲辦。

抓到人以後，員警特地去了女孩楊曉梅所在的城市，調取了沿途的錄影。在錄影裡，我們確定了女孩是獨自一人走向了江邊，也在她的QQ空間上發現了遺言。

矽藻實驗是判斷死者是否為溺亡的一個關鍵性指標，如果死者是在生前入水，矽藻就可以通過肺臟進入血液迴圈，散播到全身。也就是說，溺死者的內臟組織中可以檢出矽藻，尤其是肺組織中有大量矽藻是生前溺水的重要指標之一。我們把屍體的內部臟器送檢去做了矽藻實驗，最終女孩的死因被認定為溺水死亡。

她那具被燒焦的屍體，終於得以被火化成骨灰，由她的父母帶回了老家，安葬在墓園裡。聽師兄李軒說到這兒，我很好奇女孩的父母當時有什麼表現。

「那是一對安靜的父母，他們同平常的死者家屬一樣，悲痛但平靜地接受了自己親人過世的資訊。」李軒的回答我至今難忘。

對買賣屍體的何老闆，還有燒毀屍體的王成富，他們甚至沒有表露出格外的怨恨。

「不是他們，說不定還沒有那麼容易找回來屍體呢，只是給你們添麻煩了。」

這句話，李軒聽過很多遍，但沒有一次比這次更震撼。對那對父母來說，女孩的死成了事實，只有她的屍骨找到了，才算安息了，回家了。

可是，「屍體黑市」裡剩下的那些屍體呢？他們就在那樣一個沒人注意的角落，被當作一個個待售的貨物，一旦被買走，就再也找不到下落，他們的親人好友也永遠失去了找回他們的可能。

之前沒有任何人關注這些屍體，現在李軒覺得，自己站在這裡，這就是自己的責任。沒人在乎，他這個「法醫」在乎。他將黑市裡留存的屍體重新檢驗、拍照、解剖，提取DNA樣本入庫，期望他們的家人在將來的某一天能夠把他們認領回家。

「但之前上百具屍體就這樣沒了。」李軒講完了整個案子，望著遠處的暮色，深深地嘆了口氣。

我特別理解李軒的心情，因為就在不久前，我偶然在網上看到一個貼文，一個男孩在找他的前女友，找了整整八年。

女孩失蹤前已經和他分手，但有一天卻特意找到他，將存有五千元的金融卡和密碼都給了他，讓他有機會轉交給她的父母。

雖然是前男友，但轉交金融卡這件事從頭到尾都透著蹊蹺。果然過沒兩天，他再也聯繫不上自己的前女友了。

他找過女孩的現任男友，只得到一堆相互矛盾的搪塞之詞。他報了案，但生不見人死不見屍。

整整八年，一個大活人不明不白地消失了。他和女友父母多次到廣東這邊尋找女孩，始終沒有找到女孩下落。到後來，男孩只剩下一定要找到女孩的執念。

他在貼文中寫道：「前女友一家人沒有精力和財力去折騰，只好看著一個親人就這麼消失。」

我能感受到他的痛苦。恰好，貼文裡女孩所在的城市就是我鄰市，我聯繫到當地的同行朋友，再次將女孩父母的血樣進行了ＤＮＡ比對，最終發現女孩早在八年前就意外死亡，浮屍江面。

最後，他們只能在當地警方那裡看一看女孩的遺照，沒有尋回骨灰。可他在最後一次發帖中寫道：「發自誠心地感謝那位好法醫」。

自始至終我都沒有見過這位網友，但在後來的留言回覆裡，我發現關於女孩生死的一個確切資訊，讓男孩和女孩的父母終於有機會放下這一切。

在過往的法醫歲月裡，我和李軒都經手過無數的水浮屍、白骨屍、無名屍，那些屍體由我們一具具登記、檢驗、提取ＤＮＡ，然後被火化。

也許這些屍體中，大多數過很多年都沒人認領，只會被集體埋到殯儀館旁邊的山上。但每年，我還是堅持接待尋找親人屍體的報案人。我親眼見過放了十幾年的屍體，最後等到了他的家人。

家人們和我見面、看自己親人的照片、核對ＤＮＡ、確定死因，最終領回一張薄薄的

「死亡證明」。但就是那張薄薄的紙，可以解開一個家庭的心結，可以讓那些活著的人繼續他們的生活，那是一份沉甸甸的「交代」。

我不知道我還會見證多少生離死別，不知道有多少屍體依然無法被家屬尋回。但是我想，我每次多做一點，也許就能多幫到逝去的人一點，也許就可以多告慰一個生者。

我們是法醫，要為那些無辜的涉案屍體發聲，找到真凶。我們也要為那些無名無聲的屍體竭盡全力，找回尊重和回家的路。

08

天堂口

正面衝突會吃虧，那就不衝突；最寶貝的東西被掠奪，守不住就放棄——沒有什麼比活下去更重要，這大概就是流浪漢的底層生活準則。

案發時間：二〇〇七年夏天。

案情摘要：三寶大街附近廢棄樓房中發現一具男性屍體。

死者：？

屍體檢驗分析：屍體赤裸，身旁有一條帶有明顯汙漬的四角內褲，一雙人字拖。屍體高度腐敗，頭部見黑色血汙，頭髮間隙傷口密布，皮肉間白色蛆蟲爬行，生殖器被割。

二〇〇七年夏天的一個傍晚，距離本地著名的三寶大街不到三百公尺的一棟廢棄小樓裡，我繞了很多圈，尋找一個男人的生殖器。

混凝土澆置的樓體已完工多年，門和窗戶卻還是光禿禿的窟窿。顯然，它被廢棄在這裡很久了。陽光努力從廢樓的一面探進來，我一點點朝地板正中靠近——那裡躺著個人，赤裸裸的。

腳尖不可避免地觸到滲出的黑色屍水，鞋底沾了一隻隻肆意爬行的蛆蟲。四面空蕩蕩的。人突然被拋到碩大、空曠的場地裡，感受反而一下變得細微具體：微弱的空氣裹著熱浪一下下浮動，呼出的氣、說出口的話撞上破爛的水泥牆壁，再被彈回來。

兩層的廢棄小樓裡，只有我們幾個技術員警進進出出。死者是男性，被發現時全身赤裸。這棟盛夏時節陽光也很難進入的廢樓，透出詭異的冷。

他一定在這裡躺了很久，周身已經高度腐敗，頭部被黑色的血汙浸潤，頭髮間隙裡傷口縱橫交錯，向兩邊豁開的黑色皮肉間蠕動著白色蛆蟲。身下墊的一層紙皮被屍水完全浸透，看不出周圍到底有沒有噴濺的血跡。

屍體旁沒有上衣也沒有褲子，只有一條明顯帶著汗跡的四角內褲和一雙人字拖。這些衣物上都沒有血跡。死者被襲擊前應該就是躺在地上的狀態，沒有任何反抗。

讓我的眼睛無法忽略、並且在觸及一瞬就產生「切身之痛」緊迫反應的是——他的生殖器被割掉了。

他赤裸的下身原本應該是男性特徵的地方，有一個巨大的凹陷創面，以至於我僅一眼就判斷出，那絕對不是老鼠或是蛆蟲啃食的結果。

我記不清已經經手過多少個命案現場，但是被殺害，還被割掉生殖器的，這絕對是第一次。對一個男人來說，這個舉動夠狠、也夠毒。

什麼樣的恨會讓人對一個男人做出這樣剝奪尊嚴的事？我們裡裡外外梭巡了半天，沒有指紋，提取不到有價值的足跡，被割掉的生殖器也找不到。只在隔壁房間的一件舊衣服裡找到了一張髒兮兮的身分證：羅洪，四十五歲，貴州人。

天色漸暗，廢樓裡，我的眼前已經渾濁一片。出來我才注意到，只要再轉過一排樓，就是三寶大街了。三寶大街上的消夜攤已經陸陸續續開始營業了，遠遠就能聽到店鋪裡大聲播放的流行音樂和嘈雜熱鬧的人聲。那裡與我身後聳立在黑暗中的破敗小樓不過一街之隔，卻天淵之別。

這個被割掉生殖器又被遺忘在廢棄小樓裡的男人，生前來自「天堂」，還是「地獄」？在我眼裡，三寶大街一直是「人鬼雜處」的地界。

上午整條街又空又靜，幾乎沒有店鋪開門，但隨著太陽的高度越低，街上湧動的人流越密，穿梭其間的不乏一些穿著大褲衩、趿拉著拖鞋的隱形富人。

夜幕降臨，霓虹燈下的陰影裡，真正的「餓鬼」、「窮鬼」、「盲流鬼」從黑網咖的後巷、跨河大橋的橋洞、小公園的公廁朝三寶大街湧來。他們在垃圾桶附近徘徊，在每個路過的人身邊糾纏、逗留，討一點零錢、半瓶水，或者一份吃剩的飯菜。

喧囂過後，這裡也是治安最差的地方。三寶大街旁的廠區聚集了超過十萬的外地打工者，裡面曾有坑矇拐騙、殺人放火，有「亡命鬼」，也有被「亡命鬼」追的人。

此前局裡連續幾個月突擊清查，抓了不少人，也趕走了一大批灰色產業。但是，就像貓鼠遊戲永無終結一樣，這裡依然繁華，也有繁華背後的陰影。

命案現場發現的身分證很快就被證實不屬於那個被割掉生殖器的男人，那個叫羅洪的男人在貴州活得好好的，這兩年根本沒出來打工。

屍體身分未明、高度腐敗，案發現場廢棄多時，附近沒有監視器，根本無從查起。案件討論會上，幾乎所有人都認為這案子多半是衝著「性」來的。

有人提出，會不會是棄屍？畢竟三寶大街附近最不缺的就是各種髮廊和做皮肉生意的。一個嫖客被整死，再丟出去，自然沒有衣服沒有身分。

不然就是皮條客和妓女之間的恩怨情仇。殺人不夠，割掉生殖器才能洩憤。

現場沒找到生殖器也有了更合理的解釋：要麼凶手帶走了它，要麼廢樓根本不是第一現場。

不過，我熟悉這裡，我心裡的猜測更傾向於死者是夜晚出沒三寶大街的「鬼」——一個流浪漢。

驗屍的時候，我注意到死者的手指甲和腳趾甲都又黑又長。如果是流浪漢，夏天只穿一條內褲、一雙拖鞋就沒什麼奇怪的。

但這很難和「性」扯上關係，畢竟流浪漢們整天邋裡邋遢，溫飽都成問題。

另外，這個舉動本身確實反常，普通人平時在街上迎面碰見他們都要繞道，誰會專門去割一個流浪漢的生殖器？

我想起之前在內網看過的一個案子：有個陽痿患者連續殺害好幾個流浪漢，割走他們的生殖器做「藥引子」。難道我們這裡也出現了變態殺手？

偵查方向無法確定，局長決定兵分兩路：技術人員繼續發掘案發現場和死者身上的線索，外偵人員翻查自己轄區內有沒有類似的案子，聯繫附近的公安局，看能否和之前的案子合併偵查。

如果死者是流浪漢，他能夠接觸的人不論男女，生活層次都不會太高，勝哥決定從案發現場附近開始，慢慢向外輻射，挨家挨戶地問。他把搜查重點放在三寶大街附近最底層的流鶯、流浪漢和打臨時工的人身上。是「人」是「鬼」，都得有個名字吧。

早上睡覺，下午出動，凌晨一兩點在三寶大街上閒逛；橋下、小公園、非法網咖、速食店，還有二十四小時開放的提款機，幾乎隨處可睡——為了鑽進他們的「圈子」，勝哥把自己活脫脫「變身」成了流浪漢。

那兩年整治得很嚴格，打架鬥毆的流氓地痞都陸陸續續被關進了看守所，流浪漢有的被送回了老家，有的被精神病院收治，省裡新開的救助站也收容了不少。勝哥在大街上晃了幾天，沒看見一個流浪漢。

勝哥接著巡查非法網咖、速食店，那裡出沒的「三無人員」❺能夠維持基本的清潔，只有靠近了才能聞到身上衣服反覆出汗、發酵的酸臭味，還有熏死人的口氣。

橋底和公園偏僻角落的流浪漢生活條件最差，勝哥在他們囤積的各種充斥著霉味或汗臭味的衣物、包裝袋、紙皮雜物間行走。旁邊往往還有放餿了的食物殘渣，大大小小的塑膠瓶裡裝著可疑的、來歷不明的渾濁液體。

每次在這些地方蹲完人，勝哥身上的氣味就和對方一樣了。一天，勝哥在三寶大街旁的天橋下碰到兩個流浪漢，一聊發現兩人都是那種無法對話的精神疾病患者，最後只能打電話給民政局，讓他們把人送去精神病院。

❺三無人員：指無合法證件、無合法住所及無固定工作的流動人口。

我以前巡邏時也遇過這些人，他們幾乎沒有一個會好好配合檢查。但勝哥慢慢找到了突破他們心理防線的好方法：兩支菸或一瓶水，最多再加上一盒餅乾，只要不是扒他們自己的老底，他們什麼都願意說。

就這樣在三寶大街上「混」了五天，勝哥終於從一個撿瓶子的流浪漢嘴裡得到了一個資訊——死者可能是「阿虎」。

這個撿塑膠瓶的人自稱王軍，年紀看起來也就三十幾歲，他說自己五六年前丟了身分證，就開始在這邊流浪。王軍不識字，老家在哪兒也說不清，想買車票回家，但除了沒錢，沒人帶著也不知道怎麼回。

他認出「阿虎」的原因很簡單，都在這一帶生活，兩人一起去附近工地「撿過」幾次東西。這些天他聽說廢樓裡死了一個人，而最近圈子裡消失的人就有阿虎。雖然臉認不真切，但死者個子和阿虎看上去差不多。只有一個綽號，沒有名字，他們之間也根本不會告訴對方自己的名字。

王軍最後還給勝哥指了一條路：三寶大街附近收廢品的老李。去他那兒賣廢品的流浪漢很多，他多少都有點印象。但只憑一張腫脹發黑的面部照片，老李也拿不準。

老李收廢品確實和流浪漢常打交道。不過既然是流浪漢，幾天甚至幾個月看不到人也是很正常的。流浪到別的地方去了，因為意外或是疾病，悄無聲息地死了都有可能。

勝哥提醒，這個可能是「阿虎」，老李還是搖頭，模稜兩可地補充一句：「不過確實有段時間沒有看見過阿虎。」

問阿虎還有什麼熟人，老李想了很久說，有個叫阿勇的人可能知道，「但阿勇最近也沒有來我這兒賣過東西」。

勝哥被一個又一個綽號搞得頭昏腦脹，阿虎的身分沒查清楚，現在又多了一個阿勇，而且老李描述的阿勇，沒明顯特徵，沒照片，更沒有聯繫方式。

這是一群被抹去了身分、切斷了聯繫、游離在社會最底層最邊緣的人，雖然有自己的小圈子，但每個人說到底也只是孤立的個體，彼此不了解，外人也根本進不去。

要查這些人，只能靠最老的辦法：從一個人調查到另一個人，直到摸清楚他周邊所有的人。那些日子，勝哥開始不斷往所裡領「三無人員」。只是，除了幫這些人取指紋、採集DNA，看有沒有案底，我們並不能做什麼。

這個丟掉生殖器的殺人案也丟掉了答案。一個不明身分的人被另一個不明身分的人殺害，牽涉兩條人命的案子居然沒人報警，也沒人在乎。不過既然出了命案，別人可以不管，我們員警不成。

我們又去了一次那棟廢樓，勝哥還一口氣蹲守了幾天。雖然裡面好幾間房都有過「生活痕跡」，但這幾天沒有見到一個流浪漢出入那裡。

顯然，這些習慣夜裡活動的人知道裡面出了事，短時間內不會有人在這裡落腳。附近的住戶倒是說，以前看見有幾個流浪漢在那棟廢樓出沒，但沒人能準確說出他們的特徵。

從這些情況來看，大家開始相信我的判斷：死者很可能是一個流浪漢。

勝哥他們清查時，我再一次拿著檔案去找隊長彙報。隊長翻了翻照片，最後指著照片上屍體的手，問我：「指紋採了沒有？」

我腦子嗡了一聲。當時我剛剛開始獨立勘查現場，很多事處理得還不夠熟練。以往腐敗屍體很少能採到指紋，因為手指都腫脹得很厲害。那天解剖完，新來的技術員嘗試了兩三次都失敗了，就斷言像死者那樣的手指頭根本捺不出指紋。

我當時沒有多想，現在看來，那可能是一個大大的疏忽！我幾乎是小跑著逃離了隊長的辦公室，拉著隊裡資歷最老的技術員老許趕去了殯儀館。

從冰櫃裡拉出來的那具屍體，手指上布滿了大大小小的腐敗水泡。解凍以後，雖然有些水泡癟了，但剩餘的水泡依然能把整個手的皮膚頂起來，比正常人的大了好幾圈。

之前解剖時沖洗過屍體，這回是二次解凍，那些腐敗的皮膚幾乎一碰就要碎。我和老許小心地揪著毛巾一個角，把屍體的手指頭擦乾淨，又用吸水紙把上面的水分吸乾，反覆試了幾次，還是沒有辦法捺印出合格的指紋。

最後還是老許提醒我，浮屍可以脫下「人皮手套」用來按指紋，我們也可以把手指的皮膚全剝下來試試。

我立刻動手，先是劃開中間指節的皮膚，放掉手指上腐敗水泡中的屍水，然後一手鑷子、一手小刀，用手術刀最尖端或鈍一點的刀尖背側一點一點或挑、或劃，慢慢把十個指頭的皮膚都剝了下來。

剝下來之後，用水慢慢沖洗，再用酒精浸泡，洗掉多餘的油脂，接著把皮膚放到一個個小瓶子裡，用福馬林固定。

第二天，終於到了見分曉的時候，我們把那些指頭的皮膚晾乾後，依次黏在橡膠指套上，然後沾上油墨，開始小心翼翼地在白紙上按指紋，一個個漂亮的指紋依次顯現。

很快，我們就在指紋庫裡比對出了這具屍體的主人——一個前科犯，劉彪。一個月前，他因為盜竊工地鋼筋進過派出所，治安拘留十五天。

我們和死者間的距離一下子拉近到一個月前。案件系統裡長長的清單顯示，死者劉彪生前除了在看守所和監獄的時間外，幾乎一直都在做案，完全靠小偷小摸過日子，就是一個流浪的「三無人員」。

雖說他們這樣的人和誰發生衝突都不奇怪，但這命案顯然不同於日常街頭的爭吵打架，打破了頭還割了生殖器，明顯就是衝著這個人來的，必須從他身邊的圈子查起。

會不會是劉彪偷東西，惹到了什麼不該惹的人？凶手會不會就是消失的阿勇？劉彪那一串厚厚的前科檔案成了關鍵。

我和勝哥都沒有想到的是，我們在劉彪生前最近的一份問話筆錄裡，居然看到了一個熟悉的名字：吳軍旗。那一刻我以為自己穿越了。

兩年前，勝哥不是親手把這個吳軍旗送進死牢了嗎？吳軍旗是勝哥從警以後抓的第一個命案凶手，勝哥印象很深，說起這人最先想起的就是他身上的味兒——「不是汗臭，像食物餿了。」

按理說，為防止犯人跳車逃跑，押解犯人的時候押運車應該關閉車窗，但因為大家受不了他身上的味兒，吳軍旗成了第一個開著車窗之下被押運的犯人。人送到偵訊室後，勝哥他們甚至把車送去洗車。

那是兩年前，在派出所留置室，我第一次見到這個叫吳軍旗的流浪漢。大冬天，他身上混穿著各種季節的衣服，沉默地坐在柵欄另一側的鐵椅子上。

我戴著手套，將他裡三層外三層的衣服一件件扒了下來：衣領漆黑，袖口泛著油光，滿是汗漬卻沒有一處血跡。看著他站在牆角瑟瑟發抖，我找來兩件舊衣服給他換上。

當時我對他最深的印象就一個字：瘦。乾癟的胳膊和腿上幾乎看不到肌肉的存在，皮膚就像一層薄薄的紗布，裹住凸翹的骨頭，上面散布著新舊不一的結痂傷痕。

我甚至產生了疑慮：這麼瘦弱的人，真的有足夠的力氣搬起石頭砸扁別人腦袋嗎？吳軍旗那次殺了人，而且殺的就是流浪漢。

那時候，三寶大街上無家可歸的流浪漢遍地都是。轄區裡不光小偷多，到處都能撞見不要命的混混。

鬧得最凶的時候，兩個小夥子提著自製的長柄大刀，把一個「大佬」當街砍死，半條街都是追砍留下的大片血跡，三寶大街牌坊底下的柱子上還有血手印。

這種情況下，「一個沒有家屬的流浪漢死了」的案子，在刑警隊根本排不上號，外偵工作最後落在了我和勝哥手裡。當時的我也只是個跟班小法醫，因為工作年限不夠，還沒申領「鑑定人資格證」，沒有鑑定資格，正式的法醫文書上甚至都看不到我的名字。

這是我們和吳軍旗第一次交手。而就在這起殺人案中，我們竟然已經和三寶大街邊上開廢品收購站的老李打過交道。

流浪漢們撿了什麼東西都想著換錢，老李的資源回收站是他們必去的地方，久而久之也成了「流浪漢圈子」消息中轉的寶地。

那一次，據老李說，就在我們徹底搜查到廢品收購站的幾天前，吳軍旗就來找過他，不過不是來賣東西的，而是來找東西的。

「有沒有看到一輛三輪車？」

我清晰地記得，兩年前那起案件裡，「買車」是吳軍旗流浪漢生涯的巔峰時刻。說起來這裡面還有老李的功勞。

老李是廣西人，矮矮胖胖，看起來更像個廚師。吳軍旗每次去都會盯著老闆看一會兒，滿眼羨慕。在他看來，胖是因為吃得飽，是富有的表現。

有一次，吳軍旗背著一蛇皮袋廢品去老李的回收站，剛好另一個賣廢品的踩著三輪車來了，老李丟下他，先去接待有三輪車的「大客戶」。

吳軍旗等了很久，老李才漫不經心地收了他的廢品，還勸他下次多撿點東西再來：「幾塊錢的東西，懶得跑來跑去。」

吳軍旗沒說什麼。直到過後的某天，他推著一輛破舊的三輪車來了。老李在旁一臉驚奇，笑著問吳軍旗車是不是偷來的，賣不賣，邊說還伸手想去拍拍三輪車車頭，吳軍旗趕忙攔住對方說：「不賣！這是我三百塊買來的。」

吳軍旗繃著臉，瞪著眼睛和老李強調，這不是偷的，是他花了大半年積蓄從三寶大街修車店何師傅那兒買的。

雖然他不會騎三輪車，只能推著車從街頭走到巷尾，和以往一樣翻垃圾桶撿礦泉水瓶和紙皮。但因為有了車，能撿的東西比以前多了，有些以前搬不遠挪不動的東西，現在都可以放在三輪車上，比如工地上的一捆電線，公共設施上的一塊鐵皮。

在吳軍旗的意識裡，只要能搬上車拉走的，都是「沒主兒」的東西。這輛破爛的三輪車成了吳軍旗的心愛之物，他和車幾乎形影不離，買來的頭一週，他每晚都睡在三輪車放廢品的拖斗裡。可這個寶貝，卻在他眼皮子底下被「偷」了。

一天夜裡，吳軍旗鑽進麻袋睡覺。麻袋是他前兩天的收穫，像睡袋一樣剛好能裹住蜷曲的身體。

凌晨的天橋依然有不少貨車經過，晃動的燈光，重車壓過橋面的震顫，還有腹中的飢餓感都讓吳軍旗難以沉入最深的夢裡。

半夢半醒中，他聽見「吱呀」一聲——昏暗的路燈下，有人正在推他那輛沒有上鎖的三輪車！他剛想出聲制止，但是馬上認出了來人的樣子，他高大、健壯，是另一個住在附近的流浪漢，兩人不止一次在路邊打過照面，對方比自己力氣大很多，自己肯定打不過。

吳軍旗像蝸牛一樣縮在麻袋中裝睡，咬著牙，默不作聲。他眼睜睜看著對方把手伸向自己的三輪車，後悔買車之後沒再攢錢買鎖。

正面衝突會吃虧，那就不衝突；最寶貝的東西被掠奪，守不住就放棄——沒有什麼比活下去更重要，這大概就是流浪漢的底層生活準則。

吳軍旗握緊了拳頭，看著對方將他寶貝的三輪車越推越遠。兩天之後，我們就在三寶大街一個廢棄的出租屋裡，看到了那具高大、健壯卻被敲碎了腦袋的屍體。

現在我們的問題是，兩年前就該被送進死牢的殺人犯吳軍旗，怎麼會在一個月前和劉彪一起去工地偷鋼筋呢？而且又成了新一起殺人案的頭號嫌犯？被害人都是流浪漢，都是在睡覺時被人襲擊，而且都是頭部受創。

這一次，為了找到吳軍旗，勝哥又逛了一週三寶大街，蹲了兩天資源回收站，終於在案發地隔壁鎮發現了這個「舊相識」。

那天傍晚時分，天還沒黑，吳軍旗穿著一件灰色T恤和一條半新不舊的牛仔褲，正靠在公園躺椅上睡覺。勝哥和同事小心靠了上去，然後猛地按住了他，上了手銬。

除了一開始下意識抵抗之外，吳軍旗一看清是勝哥，就再沒反抗。他還記得勝哥。勝哥當然也記得他。

當年抓吳軍旗時，對方身上髒得像是一年沒洗過澡沒換過衣服，但這次他身上乾乾淨淨的，單從外表看，除了頭髮長點亂點，就是普通人的樣子。

不過等勝哥在偵訊室遞給吳軍旗一份便當後，他發現這個流浪漢還保留之前的吃飯習慣：先用筷子把上面的青菜和肉扒到便當蓋上，再把便當裡的飯從最底下翻到最上面，然後用鼻子湊近了聞聞，小心翼翼地嚐一口，最後才大口的把整個便當吃得一粒米不剩。

「平時吃的東西很多都爛了，必須得聞著沒壞，吃了才不會肚子疼。」當年第一次抓住吳軍旗時，他就說過這樣的話。

兩年了，這個人看上去似乎過得好了一些，但一舉一動還是老樣子。一餐安穩、熱騰騰的飯，對他來說還是那麼重要。

兩年前，還是「新人」的勝哥就是靠一碗泡麵、一部電影，十天拿下了吳軍旗的口供。當年吳軍旗被抓後無比戒備，一口濃重的貴州方言，只會念叨自己的名字，我們審了二十四小時沒有一點進展。完全聽不懂吳軍旗貴州方言的勝哥，在審訊期間硬是找貴州同事惡補了一週的方言。

慢慢地，勝哥聽懂吳軍旗到底在說什麼了。小時候派出所登記戶口資訊時，村裡人不知道他到底是「俊奇」還是「軍奇」，後來還是村主任拍板叫「軍旗」，說簡單又好記。他最羨慕村主任家的狗，因為牠的食盆每天都是滿的，「每天都能吃飽」。

關於童年，他只能記住食物：劉家大嬸的麵條、村主任家的饅頭、田裡的地瓜和玉米，他像是在野外生存的小獸一樣，每天的生活就是為了找一口吃的。

吳軍旗模糊地記得，大約在自己四五歲時父親因病去世，某個秋天的早上，母親出門後就再也沒有回來，他很小就開始了在飢餓中掙扎求生的流浪生涯。說是吃百家飯長大，其實對一個孩子來說，那是種死亡的壓力每時每刻籠罩在頭頂的恐懼。

二〇〇二年，同村的人帶著已經長大成人的吳軍旗到廣東工地打工。雖然在建築工地打工很苦，但那段時間他覺得格外開心，因為自己終於可以吃飽飯，還能賺到錢。

那年春節，同村的老鄉要回老家，讓他跟著回去，吳軍旗拒絕了。他覺得回老家沒得吃，自己要待在這邊等老鄉回來。但過了年，老鄉沒有回來，工地也結束施工，偌大的廣州，只剩吳軍旗一個人了。

他身上只剩下幾百元，沒有身分證，沒有住所。因為不識字，再加上濃重的地方口音，甚至找不到人交流。他試過在街頭打短工，幫人搬東西，但是打工的人裡一樣拉幫結派，他根本搶不到工作。

在街頭徘徊了幾天，他想買張火車票回家，才發現自己根本不懂怎麼回去。有人湊上來主動幫他，結果對方是個黃牛，用假車票騙走了他兩百元，那兩百元徹底截斷了吳軍旗回家的路。他遊蕩到三寶大街，那裡有最繁華的美食街，每天霓虹燈亮起之後，到處都是散發著香氣和熱氣的燒烤攤、大排檔。

吃剩的便當、喝了一半的飲料成了他主要的食物來源，在鋼筋混凝土的叢林裡，他漸漸熟悉了在這裡活下去的方法：上午街頭的行人很少，要到下午去翻街上的垃圾桶才有吃的。白天撿些瓶子罐子去賣，然後一直晃到凌晨，等大多數消夜攤關門後去覓食，再躲回附近的橋底睡覺。

花了整整一週，勝哥才從他斷斷續續的講述中，了解了這個流浪漢的全部生活。從被動詢問到主動訴說，勝哥隱隱覺得勝利在望，決定打個溫情牌。他給吳軍旗放了一部電影：《媽媽再愛我一次》。

風雨交加的夜晚，小孩的哭聲、母子相認的畫面，配上那首〈世上只有媽媽好〉，電影放完，吳軍旗的眼睛泛起了淚光。

他一邊擦眼淚，一邊跟勝哥要泡麵吃。就是這一口熱呼呼的泡麵，讓吳軍旗把殺人經過全交代了。

二〇〇五年春天，吳軍旗流落街頭的第四個年頭。連續幾天找不到吃的後，他去附近工地偷了一捆電線。那次賣了很多錢。吳軍旗記得很清楚，資源回收站的老李給了他一張紅票（負數發票）一百元。當天晚上，吳軍旗到三寶大街街頭的炒粉店，要了一個雞蛋炒河粉。

老闆看了他一眼，在門外放了一把凳子。吳軍旗也不在意。他從來沒覺得店裡店外有什麼不一樣，只要炒粉給得夠多就行，只要店裡幾塊錢一斤的茶梗泡的茶水夠喝就好。因為在繁華的三寶大街上，只有這個角落，他能吃口熱食，從那之後，只要身上的錢夠，吳軍旗就會去買一份炒粉，在店外的街邊吃完。偶爾天熱的時候還會來一瓶啤酒，就是最奢侈的享受了。

那年夏天吳軍旗只有一個目標：賺錢買三輪車。為了實現這個目標，他幾個月都捨不得去一趟炒粉店，每天拚了命撿廢品，甚至和一個比他高大許多的流浪漢吵了起來。

對方仗著身強力壯，打了吳軍旗一頓，他沒敢吭聲默默走開。正巧一個戴著眼鏡、個頭矮的小夥子嫌棄地看了他一眼，吳軍旗衝上去，將自己剛剛受到的委屈都發洩到矮小夥子身上。

忍不下心中的怒火又不敢當面反抗，那就把怨恨發洩到比自己弱小的人身上——這是三寶大街教給吳軍旗的生存法則。所以車被偷了之後，吳軍旗趁著偷車賊在廢棄的出租屋睡覺時，搬起屋外一塊石頭，用盡全身力氣狠狠砸向對方的腦袋。一下、兩下，直到力氣耗盡。那就是他兩年前殺死的第一個流浪漢。

按照吳軍旗當時的說法，作為凶器的石頭被丟進了河裡，泡過水之後他也分不出到底是哪一塊。現場的足跡也是在屋外提取到的，吳軍旗就在那附近生活，留下足跡並不能說明他殺人，吳軍旗不識字，更不會寫字，每份筆錄都是勝哥代簽，吳軍旗按指紋。檢察官提審時，吳軍旗總是前言不搭後語，說的和勝哥的筆錄對不上。

更讓檢察官頭疼的是，一讓吳軍旗好好交代犯罪經過，他就要賴要泡麵。給了泡麵就爽快承認，不給就不承認。年輕的檢察官一度懷疑勝哥隨便抓了一個精神有問題的流浪漢來頂罪。

因為成長環境、家庭背景比較特殊，加上常年不與人交流，很多流浪漢都會有一些怪異的行為：不合常理的自言自語，莫名其妙地與空氣激烈對話，甚至打鬥。

勝哥最初接觸到的吳軍旗總是穿著不合時宜的衣服，敘事顛三倒四，勝哥也擔心吳軍旗是不是精神病人，特意給他做了精神鑑定。

鑑定結果明確顯示，吳軍旗沒有精神疾病，只是因為所處環境，對社會有些認知障礙。但如此折騰了一年多，檢察官自己都沒信心了，認定勝哥提交的證據不足，撤告了。

兩年前那起命案並沒有起訴成功，時間一晃來到了今年。三個月前，吳軍旗被無罪釋放了。流浪漢殺人嫌犯吳軍旗又回到了他熟悉的三寶大街，和原來一樣，翻垃圾、撿瓶子，沒有收穫時就順手去工地上「撿」點東西來賣。

他就像被從籠子裡放出來的野獸，回歸了他最熟悉的生活，繼續按照自己動物的本能生存，還多了一個「殺人越多，出獄越早」的人生信條。

吳軍旗在看守所時，有個同所的老鄉聽出了他的口音，主動問他是因為什麼事情進來的。吳軍旗說自己殺了人，對方問殺了幾個，他說一個。吳軍旗反問對方，老鄉告訴他自己殺了三個，還說自己一定會比吳軍旗早出去，「因為殺的人多」。

吳軍旗對殺人、判刑這些根本沒有概念，因為沒受過教育又長久地脫離社會，甚至連基本常識都很缺乏。結果，吳軍旗眼看著「殺了三個人」的老鄉在自己到看守所一個多月後就出去了。

後來查證，那老鄉不過是因為打架傷人被關進來，根本沒殺過人，只是說大話騙吳軍旗而已。可吳軍旗卻記得死死的。

一年以後，吳軍旗因為證據不足意外被釋放，在他看來，反倒坐實了老鄉曾告訴他的真理：殺人不算啥大事，多殺幾個還能早點出去。

所以這一次，面對勝哥，吳軍旗異常爽快地承認自己殺了人，還交代了案件細節。

凶案發生的前一天，吳軍旗遇到了劉彪，對方與另外一個流浪漢說渴了想買水喝，問他「借」五元。吳軍旗說自己沒錢，但劉彪卻篤定吳軍旗身上有錢，因為前幾天三人才一起去工地「撿」了點鋼筋賣，每人都分了幾十元。

吳軍旗大聲咒罵對方，怒火中燒的劉彪衝過去一拳將他打倒在地，兩個人的拳腳都落在吳軍旗身上，他不敢還手，只能護住頭蜷縮在地上。

他感覺到自己嘴裡滿是腥味，那顆本就有些鬆動的大牙被打掉了。全身上下的十幾元都被劉彪搜走了，那對一個流浪漢來說，是致命的打擊。吳軍旗決心以牙還牙，他當晚就在工地上找了一把斧頭。有利器在手，吳軍旗有了信心，哪怕對方有兩個人，他也覺得自己能贏。

那個晚上吳軍旗沒有睡覺，他拿著斧頭四處轉轉想找到劉彪，直到第二天中午，才在三寶大街那棟廢樓的一樓看到了對方。身懷利器，殺心自起。吳軍旗走到劉彪身邊，兩斧頭就砍死了還在睡夢中的劉彪。

至於為什麼要割掉劉彪的生殖器，吳軍旗講起了一次屈辱的經歷。以前在工地打工的時候老鄉帶他找過妓女，由於沒有經驗，他根本沒體會出味兒來，整個過程就結束了。那個妓女把他攆出了房間，還大聲嘲笑他。

這次見劉彪半裸著睡覺，吳軍旗心裡滿是不爽，他既妒忌對方勃起的生殖器，又覺得噁心，乾脆將對方的內褲扯下來，割掉了生殖器，隨手扔在了窗外。

根據吳軍旗的口供，我們找到了那把作為凶器的斧頭，上面檢驗出了劉彪的血跡，旁邊的牆上還發現了一個帶有劉彪血跡的血指紋。吳軍旗的鞋上也留下了劉彪的血跡。

勝哥帶吳軍旗指認凶器時，他問勝哥，什麼時候自己能再出來，他還要找到那個和劉彪一起打他的人，這樣他就殺了三個人了。

勝哥一瞬哭笑不得：「你小子這次可能要坐很久很久的牢，就別惦記別人了。」

「不是殺人越多，出來得越快嗎？」吳軍旗對此仍深信不疑。

可能從來沒有人和他說過，這世上還有「法律」這東西。街頭的雞蛋炒河粉是無上的美味，如果再有一瓶啤酒，就是最好的日子。對他來說，活著就是整個世界。

雖然我們極力想把兩起案件都成功移送，但最終法院也只是認定了第二起殺人案。吳軍旗被判了緩刑。

他的反應很出乎意料，沒有計較，甚至都沒爭辯兩句，像認命似的滿不在乎地說：

「坐牢也不壞，至少吃得挺飽。」

在吳軍旗的印象裡，就數在看守所的日子吃得最飽：「每天光是等著就有飯吃，也過得挺好。」

勝哥問他是否想過學普通話、認幾個字、學點算術，這樣哪怕走街串巷收回收也比撿廢品餬口要強。吳軍旗像是第一次聽到這些事物一樣。他說他從來沒想過這些。

兩年後，吳軍旗的緩刑改成了無期徒刑。在他服刑的日子裡，我發現一些改變正在悄然發生——城市乞討流浪人員救助條例出爐；收容所變成了救助站，那裡隨時有一餐熱飯、男女分開的住所、必要的醫療救助。

曾經難倒吳軍旗的一張回家的車票，不再是問題。我所在的城市專門出了一項規定：遇到流浪者要採集資訊，收集照片、DNA樣本、指紋，最後建立資料庫。

我曾救助過一個女孩，她因為自閉症無法與人溝通，七歲失蹤，流浪兩年，又在救助站待了十二年，女孩的父親一直在找。十四年後，因為資料庫裡的DNA比對上了，女孩和家人成功團聚。

還有個流浪的老人被發現死在了山上，通過當年出入救助站登記的資訊，我們很快查明了老人的身分，在家人找來的第一時間，告知對方老人已經走了的消息。

據我所知，全國都有類似的操作規範下發。再面對他們，我能清晰地知道該怎麼做。

如果吳軍旗還有機會出來看看，我想告訴他，他可以回家，也可以多想想那些他之前從來沒想過的事。

那個他曾經拚了命只為活下去的世界，現在可以活得輕鬆一點。

09

悍匪一九九二

章法醫也一遍遍叮囑老潘務必小心：「我可不想再在解剖臺上看見自己同事，尤其是你。」誰都無法再承受任何一個弟兄的離開。

案發時間：一九九四年四月。

案情摘要：大朗工業區附近一條公路上發生槍擊案，兩名警察中彈，之後屍體出現在東山水庫。

死者：兩名警察。

屍體檢驗分析：屍體高度腐敗，分別見胸口、頭部兩處槍傷。槍傷處不斷滲血，為生前傷。

我時常覺得，那些從二十世紀九十年代闖過來的前輩身上，都有一股勁兒——他們發火的時候嗓門很大，不論個頭身板，總是一副隨時準備好比劃兩下的架勢。

他們凶、狠，也能拚命。那時，匪徒甚至八百元就能買把槍，流竄四地，殺掉九人；而彼時，ＤＮＡ檢測技術、資料庫、布滿大街小巷的「天眼」還是天方夜譚，公安局門口的標語條幅上寫著「偷警車犯法」，一片混亂。

那個年代，狹路相逢，往往誰吼得大聲，誰拳頭硬，誰就活下來。我認識幾個當年的傳奇人物：老潘，拿下廣東省「天字第二號案」的刑警隊長；他當年的搭檔章法醫；還有隔壁市一個年輕的偵查員，杜真。

有次我和老潘一起出差，他脫掉鞋子蜷在車後排打盹。看著老潘，我一時有點恍惚。這個縮在座位上，身高不到一六五公分、禿頂、瘦小、年過五十的老頭，是當年整個刑警隊裡最能打、最強壯的幾個人之一。

「我把自己所有的勁兒都在九十年代用完了。」他說。

我意識到，這是獨屬於那個年代的故事。那樣的案子，那樣的人，今時今日再也不會有了。

那次差旅暢聊之後，如果再遇後輩纏著我問什麼是「大案」，我都會告訴他們：這就是大案。

一九九四年四月三日，毗鄰南海區大朗工業區的一條繁忙公路，被員警用摩托車攔住大半。雙向車道變成了單向車道，車越堵越多，一些摩托車還在大車間見縫插針地穿行。在時間就是金錢的珠三角，車輪每多滾一圈都能給這些小老闆們多點心理安慰。

圍觀人群密密麻麻，載著章法醫和小徒弟的警車只能在很遠的地方停下，他們從人堆裡擠出來，探頭往裡看，卻有點意外。

本以為現場必定一片慘況，但除了三個外偵同事孤零零站在路中間，整個現場只有兩灘血跡。想像中滿地的玻璃碎片，燃燒爆炸的車一樣沒有，這哪像是個槍擊現場？

章法醫轉身鑽入人群了解情況，留自己的小徒弟去提取那兩處血跡。小徒弟剛到組織半年，需要師父章法醫帶著幹。章法醫並不是科班出身，早年在鄉鎮坐門診，只在省裡上過三個月的法醫培訓班。但法醫是個吃經驗的活，幹了二十年，年過四十的老師傅什麼現場都見過，卻整天笑著說要向自己這個大學生徒弟學習。

很快，小徒弟就發現自己沒事可幹了——現場沒有傷者，更沒有屍體。就這麼個現場，需要兩個法醫來勘查嗎？

小徒弟正滿腹疑問的時候，章法醫陰沉著臉回來了。醫院和殯儀館都沒有派車來過現場，附近的醫院也沒有收過槍傷病人，現場這麼大的兩灘血，傷者怎麼會憑空消失？

「多叫兩個人來一起搜索地面。」章法醫戴上了手套。槍擊案最關鍵的物證就是彈殼，人能跑，彈殼總不能長腿吧。

小徒弟很快發現了一枚彈殼，大家湊一塊兒開玩笑，說年輕人就是眼力好。正準備收隊，外偵一個弟兄突然走過來，在章法醫耳邊說了兩句。

章法醫立刻叫停了所有人手上的活，讓大家再從頭搜查現場，繼續找彈殼。

站在一旁的小徒弟只模模糊糊偷聽到幾個詞，「警察」、「五十四」……

那幾年槍擊案確實不少，小徒弟工作半年，已經出過十幾次槍擊現場了，但並不是每個現場都能找到彈殼，有時候實在找不到也就算了。可這次，師父完全是一副不找到彈殼絕不收隊的架勢。

終於，在路邊的花壇裡找到第二顆彈殼後，章法醫才帶著小徒弟急急忙忙趕回局裡。刑警隊長老潘正和局長在會議室說話，見章法醫他們進來也沒停下，甚至沒有像平時一樣微笑著和他們打招呼。這可不是他平時的態度。

老潘到隊裡之後，除了一起並肩作戰的隊友，全隊上下最重視的就是章法醫，因為人家是知識分子。後來，章法醫的大學生徒弟來了，老潘對兩人更是熱情，處處照顧。

老潘自己是退伍兵出身，從警十來年靠著拳頭硬、能破案，前兩年剛被提拔為刑警隊的隊長，才三十歲出頭，已經成了大家口中的「老潘」。

此刻，老潘那張年輕的臉繃得比誰都緊。章法醫沒往跟前湊，拉過老潘旁邊的一張椅子，坐了下來。

現場有目擊者說，當時至少開了兩槍，中槍的人被抬進一輛小汽車的後車廂，載走了。而轄區派出所所長恰好同時段反應，自己所裡有兩個原本該在附近執勤的員警聯繫不上，對講機關了，呼叫器也不回。

兩聲槍響，兩個員警失蹤，同時下落不明的，還有一支五十四式手槍和一支六十四式手槍。章法醫和老潘心底都隱隱有不好的預感。

「必須把人和槍給我找到，找不到都不要睡覺！」局長甩門而出。

老潘挪到章法醫旁邊的椅子，接過章法醫遞來的物證袋，裡面是現場找到的那兩枚彈殼。老潘皺著眉頭看了看，雖然他打過無數次靶，開過很多槍，但是對子彈殼真沒什麼研究。直到章法醫捏起其中一個彈殼，指著上面的痕跡說：「我覺得這是制式槍枝發射的。」

「怎麼又是制式槍枝？」老潘坐不住了。

老潘這句牢騷只有章法醫能聽明白。這幾年，他們哥兒倆手上已經積了好幾起涉及制式槍枝的案子沒破，要是放一塊兒，剛好一隻手加一個指頭——死了六個人了。無論什麼時候回想起來，兩年前的一切在兩人腦海裡都清晰得恍如昨日。

一九九二年九月二十五日，本地大發捲菸批發市場附近，一對夫妻在市場收攤之後同騎一輛摩托車回家。下午六點車行至一個路口，一輛紅色摩托車從他們身後風馳而至。超車的瞬間，紅摩托車後座一個戴頭盔的男人突然掏出一把槍。「砰」的一聲，先擊中了丈夫的頭，摩托車尚未倒下，匪徒又開出了第二槍，擊中妻子，隨後拿走了這對夫妻身上的十萬元現金。丈夫當場死亡，妻子胸部中槍，胸椎骨折，重傷癱瘓，生不如死。這就是當時轟動一時的「大發市場搶劫殺人案」。

負責偵破此案的就是當時還未滿三十歲、年輕氣盛的「潘隊」，而當年看現場的正是章法醫。案發後，他把現場的彈殼送去鑑定，確定為制式彈藥，由制式槍枝擊發。說明凶手用的槍不是來自民間作坊，而是由正規軍工廠製作。

在今天，我們很難想像一九九二年制式槍枝曾嚴重流失。那時除了軍警，國有企業比如礦山、礦場保衛科，也能申請配發槍枝，後來有些國有企業經營不善，發不起工資，保衛科一年就會「丟」一兩支槍。

當時省廳專門發了文，督促老潘他們儘快破案。但再往後的事，隊裡誰也不願意提了。現在事隔兩年，又有制式槍枝傷人案件，而且出事的還可能是兩個員警。

章法醫沒再說什麼，兩個男人沉默著，各自想心事。老潘把隊裡所有人都喊到了會議室，給每個人都配槍，連章法醫和小徒弟都不例外。

「現在是特殊時期，真遇到事兒了，有槍和沒槍就是生死之別，萬一需要行動，就全都得上！」

把槍交到章法醫手裡的時候，老潘開玩笑：「你們以前只打靶，這次說不定有機會讓槍開葷了。」章法醫只回了老潘三個字：「神經病。」

三天後，東山水庫裡發現了兩具屍體。出現場時，小徒弟剛換上新發的軍綠色長袖警用襯衣和同色長褲，下到水庫的時候被岸邊的泥汙蹭髒了好幾處，但是他來不及心疼。

「愣著幹什麼。」章法醫索利地脫掉鞋子，把褲管捲到大腿。兩具屍體都已經高度腐敗，隔著手套依然能感覺到腐敗屍體皮膚特有的冰冷和滑膩，棉紗口罩一點都擋不住浮屍的臭味。一想到這兩具屍體可能是自己的同事，章法醫心裡更難受了。

兩具屍體被抬上了岸，雖然面容已經無法辨識，但屍體身上穿的衣服還有帶著五角星的腰帶扣都表明，他們就是三天前槍擊案現場失蹤的兩名員警。

隊裡十幾個弟兄身著警服，在水庫邊圍攏，所有人都屏息凝視，神情嚴肅。人群的正中央，章法醫和小徒弟準備當場解剖自己弟兄的屍體。

小徒弟本以為會把兩個犧牲弟兄的屍體帶回去，至少讓解剖工作顯得更正式些，但在師父和隊裡其他弟兄看來，早一分鐘搞清楚兩人的死因，找到線索，早一分鐘抓到凶手才是該做的。

兩個員警身上的配槍都已不翼而飛，剝開衣服，每人都有兩處槍傷，一槍在胸口、一槍在頭部。突然，章法醫指著其中一具屍體頭上的槍傷問徒弟：「這個傷口到底是生前傷還是死後傷？」

章法醫覺得自己不會看錯，他心底那把火已經燒起來了。他其實是知道答案的，但那一刻他講不出來，他選擇去問徒弟。

小徒弟被一堆前輩同事的冷峻目光包圍著，再看看那個開在自己同事頭上的黑洞——此刻，那裡還在不斷滲出烏黑的液體——好像也突然明白了什麼。

如果是生前傷，那意味著兩個員警被塞進後車廂拉到這裡時，可能還活著——頭上的窟窿就是那兩個惡徒補的槍。他瞬間感覺自己的心臟在胸口越跳越快，腦袋裡的血管似乎都在抽搐，他什麼都說不出來。那麼殘忍的話要怎麼說，師父沒有教過他。

師徒倆沉默了一會兒，章法醫自己站起來，找到等在旁邊的老潘，讓他安排弟兄仔細搜索水庫周圍。果然，在距撈屍地點不足二十公尺的地方，發現了帶有血跡的石頭，還有一個掉落在旁邊的彈殼。可以確認，兩個悍匪是在棄屍前，在水庫邊衝著兩個員警的頭分別補了槍。

遵照慣例，老潘根據案發時間給案子取了一個簡單的名字——四〇三槍案。

「我要是抓住那兩個混蛋……」老潘的聲音有點抖，只講了半句就說不下去了。

誰也沒想到，一週後一個姓譚的老闆突然自己找到公安局來，說自己車的後車廂裡有一灘血！那是一輛當年很稀罕的白色ＢＭＷ，一打開後車廂，兩大片血跡因為捂了好幾天，散發著濃濃的腐臭味。

章法醫他們第一時間用沾水的棉紗在兩灘血跡的邊緣取了一些乾燥血跡，帶回實驗室。當時ＤＮＡ檢測技術尚未普及，只能依靠血型做基本判斷。

結果顯示，槍案現場提取到的血跡和後車廂裡的血跡，血型雙雙一致。兩個受傷員警生命的最後時刻，是在譚老闆的汽車後車廂裡。這個譚老闆走不了了。

老潘聞訊，立刻換下給譚老闆做筆錄的弟兄，他要親自和這個譚老闆聊聊。譚老闆一開口先大喊冤枉。半個月前，他和女友從卡拉ＯＫ出來後，正準備開車回公司，在一條岔路上突然被人用農用車截停。隨後，一個身形高大的匪徒用槍指著他的頭，把他挾持到一個小房間裡。

冰涼的鐵鍊綁住了他的手腳，對方開口跟他要一百五十萬元。譚老闆家裡只籌到九十三萬元現金，再三討價還價，對方答應先收下這筆錢放人，但是要贖走車，譚老闆還得再拿四十萬元。

讓譚老闆慶幸的是，對方在收到九十三萬元現金後，在一條大路邊把他放了下來。從虎口逃脫的譚老闆生怕對方還會再找自己麻煩，對於拿四十萬元贖車並不敢有太多異議。

而且二十世紀九十年代，像ＢＭＷ、賓士這種進口豪車都需要通過特殊管道才能購置，不僅花費大，手續繁瑣，耗費的時間也很長，四十萬元並不算太過分。

等他湊齊了錢贖回自己的車，等待他的卻是後車廂裡兩灘令人毛骨悚然的血跡。逃過一劫的譚老闆慌了，他怕員警真找上門來自己說不清，思慮再三便報了警。

但關於這夥人更多的資訊，譚老闆也不知道。他不認識他們，甚至沒有見到那幫人的臉，對方和他接觸的時候要麼戴著頭盔，要麼戴著帽子口罩，至於後來為什麼要駕駛自己的車去殺員警，他更無從得知。

唯一一個與「野獸」共度七天並存活下來的人沒有記住「野獸」的長相，讓老潘這個獵手空有一身力氣卻找不到狩獵目標。這種憋屈又無能為力的感覺，老潘太熟悉了。

兩年前大發市場的舊案就曾一次次把他打入這樣的絕境中，讓他幾近窒息。一九九二年十二月三十日，老潘記得很清楚，當時他剛安排好元旦的值班，準備第二天陪老婆孩子出去玩，突然接到第二起槍擊案的報警。還是大發市場附近，還是一對夫婦。

老潘趕到現場的時候，離槍案發生還不到一個小時。兩具屍體靜靜躺臥在路上，身下未凝固的血似乎還散發著餘溫。

這次的報案人在距悍匪不到十公尺的地方，完整目擊了案發全過程。下午六點左右，一輛紅色摩托車迎面而來，在駛過譚氏夫婦的摩托車時，後座一個戴茶色頭盔的人突然拔槍朝丈夫譚某的胸膛開了一槍，摩托車頓時失控，衝向路旁。

後座的妻子吳某被突如其來的一切嚇得大叫一聲，匪徒抬手對準她胸膛又開了一槍，妻子再也沒有了聲音。這時，匪徒像是不放心，停車走下來，朝著譚某的頭補了一槍。

這一連三槍時間很短，對面車道目睹一切的機車騎士遠遠放慢了車速，盯住匪徒。只見匪徒從吳某身上取下裝著二十萬元現金的帶血背包後，掉頭朝大瀝方向逃跑。騎士尾隨了一段路，發現這輛紅色摩托車沒有車牌，自己跟蹤沒用，趕緊報了警。時間、地點、受害者身分，前後兩起持槍搶劫殺人案幾乎一模一樣。

這夥人根本沒有停手的意思，反而像是在一次次殺戮中「熟能生巧」，摸出了步數。這對剛剛升任隊長的老潘來說，實在是一種挑釁。

當時，全省只有幾臺電腦能比對指紋，過程還極度繁瑣：一個十一公分，記憶體僅有兩百多TB的硬碟，能存的資料非常有限，兩起案子稍微隔得久點就使不上勁了。而且基本比對靠人眼，一天下來，再好的眼力最多也只能比對百來人。

那時候也沒有手機定位，影片監視器更是想都沒想過。目擊證人只要不認識凶手，看到也沒多大用，一是記不清，二是描述不準確。所以當時老潘他們特別注重走訪調查、現場訪問。

可遇上大發市場這兩起案子，年輕的潘隊突然發現，自己這些手段都失靈了。

他賣力地走訪，甚至有點不講章法。他把隊裡十幾個弟兄全部撒進市場，一半人在各個路口蹲捕，一半人挨家挨戶走訪調查。

他對市場裡的每一輛摩托車都做了登記，重點調查那些在市場裡打工的外地人——當時他們是本地犯罪率最高的群體。他組織轄區裡的派出所，天天去出租屋密集的城中村查地下賭場和做毒品交易的小混混，碰到眼神鬼鬼祟祟的就帶回來讓他們「仔細回想」。

但卻沒有得到任何有價值的線索，潘隊也從局長眼裡的得力幹將，漸漸變成了辦事不力的老油條，挨罵都挨疲了。

犯人一天不落網，噩夢就一天不會結束。未破的大發市場舊案成了新災難的開始——四〇三槍案，這個老潘隨口取的簡單代號竟成了後來廣東省的「天字第二號案」。

在市局和實驗室奔波多天的章法醫，終於等來了一個電話。他到底在電話裡聽到了什麼，小徒弟並不知道，但是電話掛了之後，小徒弟發現師父坐在那兒一動不動，像在發呆，又猛地站起，將剛燃起來的菸熄掉，帶著他一頭栽進了檔案室。檔案室不足六坪，推開門是一排排堆疊在一起的鐵櫃子，牆角放著幾袋生石灰吸濕氣，但打開櫃子依然能聞到淡淡的霉味。這裡就是存放歷年現場勘查檔案，以及一些未破案件卷宗的地方。

在此之前，小徒弟從沒注意隊裡還有這麼個地方。檔案室不大，存放的卷宗卻不少。結案的卷宗都裝訂得整整齊齊，未破案件的卷宗往往都是散著的，像是在苦苦撐著，等一個結局。

章法醫先是翻開一個厚厚的紀錄本，用紙條抄下了編號，然後從一九九二年起，帶著小徒弟把那些鐵櫃挨個兒打開，開始扒那些檔案袋。一個，兩個，三個。找到一個，章法醫就往徒弟手裡放一個，卷宗越積越多，分量越來越重。望著手裡厚厚一個檔案袋，小徒弟心裡開始嘀咕，他不明白師父翻出這些陳年檔案要幹什麼。

章法醫帶著檔案和徒弟在樓裡轉了一圈，也沒有找到老潘，他一會兒也沒歇，回了辦公室就打老潘的呼叫器。放下電話，他也不坐下，就站在電話邊。

小徒弟覺得辦公室裡空氣都快凝固了，好奇、緊張的情緒讓他也開始坐立不安，他捧著那幾個檔案袋，因為怕弄亂也不敢打開看，就那麼一直盯著在電話邊來回走動的師父。

電話終於響了，章法醫一把拿起電話：「四〇三槍案和大發前兩年的槍案串起來了。」章法醫開口第一句話就讓對面的人沉默了，他幾乎是吼出來的：「我騙你幹麼！」

小徒弟不知道，不長的一個電話，聽筒那頭的老潘，菸點了一支又一支，踩碎了一地的菸頭。兩個員警在電話的兩頭，同樣焦慮而興奮。看來他們倆和這夥悍匪，註定了要鬥一鬥。

小徒弟從沒見過這樣有些「失控」的師父，他低頭看向懷裡那個最厚的牛皮紙檔案袋——封面上，黑色筆寫著幾個大字：一九九二~一九九三年大發市場系列搶劫殺人案。

原來，殺害兩個員警並不是這夥人第一次開槍，他們曾在一九九二年到一九九三年兩年間，讓大發市場裡的每個人對「紅色摩托車」產生過刻骨銘心的恐懼。神出鬼沒，尾隨、逼近，在人毫無察覺的時候一槍斃命，連求饒的機會都不給。不到三個月的時間裡，兩個店鋪老闆命喪黃泉，後一起因為有目擊者，傳回來的詳實細節越發恐怖。紅色摩托車上的兩個悍匪似乎成了某種「幽靈」：沒人見過，但人人生畏，因為見過的人都已經死了。

「幽靈」的目標很明確，就是大發市場的老闆們；做案的時間也很固定，就卡在老闆們收攤回家的時間。

大發市場成了一片富有但凶險的「法外之地」。大發市場，全稱是大發捲菸批發市場，二十世紀九十年代南海最熱鬧的菸草集散地，市場旁就有一條大馬路直通廣州——當時只要提起來，誰眼睛都會發紅。

在一個普通工薪家庭，夫妻二人月工資加起來不到三百元的時候，廣州一個工廠的小工已經拿著六百元的工資，抽上了「萬寶路」。

當時全國都流行著一句話：「東西南北中，發財到廣東」。這裡有所有最新奇也最刺激的玩意兒——第一家五星級酒店、第一家外資企業、第一家律師事務所……這些新事物裡，也包括當時品種最豐富的「外菸」：「萬寶路」、「三五」、「健牌」、「希爾頓」……這當中有九成以上都是乘著私人小摩托艇，從海的另一頭飛馳而來。

「海水不乾，走私不斷」，捲菸走私在全世界被公認是僅次於毒品走私的第二大走私活動，而當年在廣東，這種現象屢禁不絕。

雖然一九九二年頒布的菸草專賣法聲勢浩大，但越是禁止，走私者就越興奮。與高風險相對應的是捲菸走私高到離譜的利潤。

當年進口捲菸的關稅加增值稅能達到百分之四百，一條三十元的進口捲菸，完稅後的價格要兩百多元，再加上批發、零售、運輸環節的費用，國營專櫃真正的售價近三百元。

走私可以讓利潤「白翻」十倍，這幾乎成了這個市場裡公開的祕密。無論是本土菸，還是進口菸，在這裡都不愁銷路，每天來進貨的商販絡繹不絕。更豪氣的是，市場裡所有生意全部現金交易，一到傍晚收攤，隨便哪個老闆懷裡都帶著十萬左右的現金。

人潮和錢潮一同湧入這個充滿「冒險精神」的市場，每個老闆都覺得，把錢放進兜裡的人應該是自己。這和那兩個「幽靈」的想法不謀而合。

老闆們騎上摩托車駛向四面八方，在他們眼裡，就像一隻隻待宰的羔羊在四散奔逃。畢竟那個年代教給他們的就是：誰膽大，誰就能奪走一切。

那段時間，老闆們無一例外，只要一提起這兩起命案，都是滿滿的牢騷、不滿，沒人有好臉色。

那些騎摩托車的老闆尤其沒有安全感，小汽車好歹隔著一層鐵皮，自己騎摩托車，不管是前面來車還是後面來車，都宛如驚弓之鳥。

短短幾天之內，市場裡多了五六輛嶄新的福斯桑塔納，都是被那兩個殺人不眨眼的「幽靈」給嚇的。

「潘隊，趕緊抓到凶手吧，過年的時候我給你們紅包。」這成了老潘當時查案聽到最多的話。

老闆們話裡話外敲打著這個剛上任的刑警隊長，每說一次，就像往老潘心裡扎一根刺。那段時間是隊裡訊問最密集的時候，偵訊室裡天天都能聽到員警大聲地呵斥，還有那些小混混求饒的哀號。

和雞飛狗跳的公安局相比，兩個「幽靈」倒顯得越發安靜。搶完錢後，他們沒有任何動作，本地的歌舞廳、卡拉ＯＫ，甚至地下賭場，都沒有發現可疑的人。

所有人百思不解：一夜暴富，都不出來揮霍一下？直到有天下午，一個報警電話再度讓老潘心跳加速：大發市場裡有人持槍。

當時他剛完成一天的走訪，一聽這個消息轉頭就回了市場。進出的兩個大門已經被荷槍實彈的弟兄們守得死死的，他第一時間找到了報案人。

那是一個雜貨鋪老闆，姓葉，得有五十歲了。看著黑黑瘦瘦的，弓著腰，已經一臉討好地等在門口。見潘隊來，葉老闆趕緊遞菸，老潘沒有接，問他怎麼發現嫌疑人。

葉老闆訕笑著把菸收回去，說：「是我家老二，奮權，他說剛才在市場裡看見有個人身上帶著槍。」

葉老闆轉述著自己二兒子描述的嫌疑人特徵：長髮，瘦小，身高不到一百七，穿黑色夾克和牛仔褲，當時就站在前面拐角老劉家的鋪子門口。

葉奮權？老潘隱約對這個名字有些印象，但一時之間想不起自己到底在哪裡聽過，下意識問：「他人呢？」

葉老闆說兒子回家吃飯去了，又扯出笑容。

「回頭叫他來派出所做份筆錄。」

離開雜貨鋪，老潘沒有貿然衝去老劉家的鋪子，他在對講機裡招呼隊裡弟兄，小心朝鋪子靠，免得打草驚蛇。

快摸到老劉家鋪子門口時，老潘伸手摸了摸腰上的槍，把對講機關了，交給旁邊的同事，自己和一個弟兄若無其事地走過去。

有個男人正站在櫃檯前，和店鋪裡的老劉說著什麼，穿的正是黑色夾克和牛仔褲。老潘注意到對方夾克下襬左高右低，右邊的口袋很可能帶著傢伙。

就在這個當口，老潘忽然意識到自己犯了一個錯誤！前兩天調查的時候他才和老劉見過面，此時要是對方開口，很可能暴露自己的身分。

「老劉，上次你給的貨數目有點不對啊。」他一邊大聲嚷嚷，一邊和同事加快腳步進了鋪子。

老劉明顯愣了一下，接著問：「貨？什麼貨？」

黑衣男子也轉過頭來看著他。或許以為老潘是來找麻煩的人，男人稍稍往後退了一點。眼看對方沒有防備，手還沒來得及伸進口袋，老潘和同事對了一下眼神，一個箭步衝上去把對方的雙手抓住，按倒在地。

手到對方口袋裡一摸，冰涼的觸感傳來，掏出來一看，果然是把真傢伙，於是直接把人帶回了隊裡。

晚上八點多，偵訊室燈火通明，章法醫聽說隊裡抓到了大發市場槍擊案的兇手，特意來看看。

輕輕推開門，鐵椅子上的男人神色惶恐，看到章法醫進來，努力擠出了個笑容。審訊還在進行，但讓章法醫感到意外的是，主審居然不是老潘，而是隊裡一個小同事。

章法醫在辦公室找到了老潘，對方正把玩著一把槍。看到章法醫進來，老潘抬起頭，把手裡的槍遞了過去。

「看看。」

章法醫一臉疑惑。那是一把五十四式手槍，沒有裝填子彈。他卸下彈夾，唠嚓唠嚓拉了兩下套筒，扣下了扳機。

「啪嗒——」這是擊錘放空的聲音。

章法醫抬起頭看向老潘，他察覺出手槍不對路，但是作為法醫，對槍械的了解肯定不及常年玩槍的老潘。

只見老潘接過槍，迅速把槍枝分解成一個個零件，指著槍枝的撞針和槍管——「這不是一把真正的制式五十四式手槍，而是某個小作坊仿製的，不管是槍管還是撞針都格外粗糙，甚至連膛線都沒有。」

老潘陰沉著臉，緩緩說道：「不是那把槍。」

這個身上帶槍的傢伙叫王新，長期往返廣州和湛江批發捲菸販賣。平時就住酒店，出行都是搭計程車，基本一個人往返，看起來不像有同夥的樣子。

老潘找到第二宗案子的目擊證人，讓對方偷偷看了一眼。雖說那兩個「幽靈」做案時都戴著頭盔，但後排開槍的犯人瘦瘦高高，身高接近一百八十公分；騎摩托車的那個雖然不足一百七十公分，但身材結實，輪廓粗壯。而王新身材瘦小，和那兩個嫌犯的特徵都對不起來。

批發市場也有老闆證明，說和這個王新常年打交道，是個本分的生意人，應該不會幹啥壞事。至於他手裡那把槍，這年頭由於槍枝氾濫，搶劫案件頻發，只要是長期在外面跑的生意人，哪個身上沒有點傢伙？

審了一夜沒有任何發現，對方的口供也看不出什麼問題，第二天一早老潘就把人放了，只是沒收了對方的槍，罰了三千元。

這事讓老潘很鬱悶，冥冥之中，那兩個「幽靈」像是在戲耍他。這抓錯人的烏龍估計又得讓隊裡弟兄嚼上大半年。

他沒有想起那個一開始提供報案資訊的人——葉家老二——並沒有如約來做筆錄，也沒有想起他的名字和那張他曾經見過幾次的臉，葉奮權。

「幽靈」依然在大發市場遊蕩。老潘提議，在大發市場修一個金庫。既然凶手是奔著錢去的，那麼讓店鋪老闆打烊之後直接把現金都存進金庫的保險櫃裡，然後派專人看管，定期讓銀行派車押運。老闆們不用每天帶著大量現金到處跑，凶手自然也就不會再死盯著這個地方。

但這個方案很冒險：按照以往經驗，像大發市場這樣的系列搶劫案，罪犯反覆得手後，胃口只會越來越大，做案也會越來越頻繁。現在修金庫，意味著大發市場將不再是一個理想的目標，他們大概會轉移做案地點。

這其實是在賭周邊地級市哪裡會是新的案發地點。只要他們敢出手，就得掂量掂量會被抓住。

老潘的提議最終得到了局長的支持，大發市場的老闆們對此也很開心，鎮上出了些錢，老闆們也集了資。不到兩週，金庫修好了，十幾個厚重的保險櫃排成一排，每班兩個保全看守，還有兩個帶槍員警長期駐守。除了設立金庫，出入市場的幾條大路都設了流動巡查點，當地的民兵帶著衝鋒槍在路面搜查。

老潘「嚴防死守」的方法奏效了。過了農曆新年，大發市場的治安環境好了很多，連以往周邊打架鬥毆的小混混都絕跡了。

就在所有人以為「幽靈」不再盤旋此地的時候，一九九三年八月，大發市場附近再次響起了槍聲。這次是九槍。

老潘沒有等到周邊地區的弟兄組織來併案，先等來了九聲槍響。那兩個「幽靈」像是被激怒了，用越發慘無人道的方式回敬了老潘。

同樣是晚上六點多，大發市場收攤的時間，黃氏夫婦在返家路上被劫殺。和以往一槍斃命、拿錢就走的風格不同，這次兩個死者身上，總共發現了九個子彈打出的血窟窿。

殺人地點也不再是偏僻的路段，不遠處就有一家雜貨店，斜對面甚至還有一個正在裝修的酒家，當時路上來往車輛也不少，匪徒卻選擇連開九槍，在眾目睽睽之下殺人！

老潘也被激怒了，他在死者的摩托車坐墊上發現了兩個腳印，撬開的摩托車後箱上還提取到一枚殘缺的指紋——於是把整個市場的人都叫去了派出所。

幾百個人的指紋，技術員根本沒見過這種陣仗。全隊上下連續熬了四五天夜，但最後沒有一個人的指紋對得上。這對宿敵未曾謀面，卻在不知不覺中深陷以命相搏的賭局，且誰也不願意做先後退的那個。

而現在，大發市場的第三起槍案才剛過半年，那兩個「幽靈」又手癢了，他們不再騎摩托車，而是開起了綁架得來的ＢＭＷ。

槍擊案、綁架案，老潘突然明白，他們之所以放過了大發市場，也許是因為發現了這條新路子——綁架豪車老闆。

在大發市場搶劫一次到手最多不過十幾二十萬，還要背上幾條人命。最後一次由於市場金庫已經建好，甚至沒有搶到多少現金。而到了譚老闆這裡，他們連人帶車一次就拿到了一百三十三萬元。

低風險、高收益——這對他們這種用命換錢的人來說，實在是筆划算買賣。但他們千不該萬不該把買賣做到了員警頭上——槍殺兩個員警，劫走兩把槍——這一次，不只昔日的宿敵老潘，當地的所有員警都憋著一股勁兒，要跟他們好好算算帳。

劫後重生的譚老闆漸漸冷靜下來，向老潘提供了一條重要線索：自己有個做生意的朋友孫老闆，四個月前也被這夥人綁架過。巧的是，孫老闆也有一輛ＢＭＷ。

一九九三年十二月的一天傍晚，孫老闆正開著自己的ＢＭＷ車準備回家，突然被一輛農用車截停，幾個人持槍逼他下車，他嚇得腿都軟了，話也說不出來。匪徒連推帶搡把他綁到了一個出租屋。最終，綁匪從他家人手裡要走五十萬元才放掉他。

事後，孫老闆覺得或許自己命中該有此劫，既然人沒事，車也要回來了，多一事不如少一事，就當破財消災了。萬一報了警，對方再回來報復自己，可是吃不了兜著走。出於這種考量，孫老闆一直沒有報警。直到他聽自己同在廣州做生意的朋友吳老闆講起一件事，一下覺得不對勁。

早在孫老闆之前，吳老闆也被綁架過，同樣是交了五十萬元贖金保命。被放出來時綁匪警告吳老闆，如果敢報警，就殺他全家。吳老闆自認倒楣，沒報案。

沒想到兩個月後，厄運轉移到了孫老闆頭上，接著又是譚老闆。

同樣震驚的還有老潘，一次報案牽扯出三起綁架案，最早的一起甚至就在大發市場最後一案發生後不到兩個月！

「真是傻！」老潘當著孫老闆的面發了火，他憤怒於這幾個老闆的明哲保身，如果早點報警，警方或許能早一步掌握線索甚至抓到兇手，他們不會一個接一個陷入險境，自家員警弟兄可能也就不會被殺。

這些大老闆們錢多、膽小、好控制，「幽靈」已經嘗到了甜頭，老潘覺得他們一定會更加喪心病狂地做案。

看著在辦公室發飆的刑警隊長，孫老闆不斷陪笑臉，小心翼翼地仔細回想。被綁架期間，他曾在閒置的出租屋裡看到過一輛紅色摩托車，車牌尾數是九九二。

老潘立刻派人去搜查，卻發現原車主已去世，車前後被倒賣了九次。

查證工作像是一個解也解不開的連環套。老潘組織隊裡的弟兄到孫老闆描述的被綁架地點清查了好幾次，一直蹲點到年底，也沒有符合條件的可疑人員出現。

老潘覺得，自己像是被這兩個「幽靈」下了詛咒，他們蒙住了他的眼，不斷在他身邊製造聲響，他分明能感覺到他們在作亂，但就是摸不到人。

一直到一九九四年年底，他們終於找到了前一任車主，但對方表示時間過去太久，當時買車的人叫啥、住哪裡，實在想不起來了。老潘連生氣的力氣都沒有了，只能叮囑對方想起什麼一定要來找自己。

隊裡的士氣越發低迷，弟兄們幹活也沒了衝勁。又過了不久，為此案成立的專案組乾脆撤銷了。那段日子著實憋屈，但老潘只能扛著。以往年年被表揚的刑警隊那年破天荒被點名批評，老潘自掏腰包，拉著隊裡的弟兄們去河邊的大排檔喝酒。

那天晚上幾乎所有人都喝多了，老潘把手裡的啤酒瓶摔在地上，說四〇三槍案不破，他再也不喝酒了。同樣喝多了的章法醫走過去，踢開那些碎玻璃渣，和老潘抱在一起，嚷嚷著遲早讓那些「仆街仔」好看。

黑色的河水寂靜無聲，一群年輕人在心裡默默發誓，以死去的弟兄之名。

四〇三槍案過了整整一年後，一九九五年四月，老潘和隊員們收到了一條或許能讓他們逆風翻盤的線索——那輛曾經讓大發市場店鋪老闆們夜不能寐，讓他們追蹤了整整三年的紅色摩托車，又出現了。

一九九五年三月的最後一天，紅色摩托車的前主人突然找到老潘，說他在當地的「永青髮廊」門口看到了那輛車。老潘的網已經撒在這裡一週了。永青髮廊從門臉看上去和其他髮廊沒啥兩樣，兩張理髮店常見的那種椅子，還有兩面大鏡子，但實際上抽屜裡一把理髮用的理髮器都沒有。

每天下午，老闆娘都會帶著兩個二十多歲、短衣窄裙的洗頭妹坐在門口的沙發上。想找樂子的人一看便知。

終於，這天傍晚七點多，一輛紅色摩托車停在髮廊門口，看到車牌後三碼，老潘瞬間打起了精神——九九二。騎車的是個青年男子，身高不到一百七十公分，留著分頭，鎖了車就晃晃悠悠地進了髮廊。

老潘用對講機部署好，然後深吸了一口氣又緩緩吐出去，心底懸著的那根弦反而鬆了點。掐著錶算著時間，男子已經進去五分鐘。一年都挺過去了，不差這點時間。

老潘再次檢查了腰上的槍，開了保險，上了膛，調整好槍套的位置——犧牲員警的失槍還沒有找到，對方身上極可能有槍，他得確保要是不幸面對面槓上時，自己能第一時間摸到槍。

老潘帶著一個小弟兄特意繞了一點路，一路閒聊，看上去就像順著街邊隨意逛，不小心逛進店裡的客人。老闆娘趕緊招呼，問他們是洗頭還是按摩。老潘沒回答，裝作考察環境的樣子慢慢往內側靠過去，那裡有兩個小隔間。

他伸手輕輕推了推小隔間的門，門關著，裡面亮著燈。老潘回頭，和同事使了個眼色，兩人在老闆娘發出喊聲的同時朝那扇門踹過去，迅速拔出了腰上的槍。

曖昧的燈光下，兩個裸著身體的男女正糾纏在一起。男人剛爬起來，就被兩把槍抵住了頭。

男人很爽快地承認了嫖妓，表示認罰。但當老潘問起那輛紅色摩托車時，對方的眼神躲開了，來來回回都是沒意義的回答。

老潘突然起身，走過去扳住男人的手指。看他齜牙咧嘴，老潘的腦海裡毫無徵兆地閃過了那兩個犧牲弟兄的臉。

四〇三槍案的兩個弟兄已經走太久了，自己不能再浪費時間。將凶手繩之以法，老潘的腦袋裡只剩這一個想法。

雖然有心理準備，但當男人竹筒倒豆子一般，一口氣吐出三個名字的時候，老潘還是覺得有點不真實。原來他們一直在追蹤的「幽靈」不是兩個，而是四個。

他們像非洲草原上的一夥掠食者，分工明確，配合默契，盯梢、埋伏、威懾、出擊，所到之處只留下血腥和殺戮。我們抓到的「狒狒」是四人中年齡最小的，入夥也最晚，只作為幫手參與了後面三起綁架案。

拉他入夥的是他的表哥葉奮權，也是整個犯罪集團的大哥「獅子」。那個讓老潘覺得「耳熟」的葉奮權，就是大發市場開雜貨鋪那個葉老闆家的二兒子：高瘦，大個兒，膚色黝黑。喜歡偷，偷不到就搶，從小就是派出所的教育對象。

葉奮權愛坐在自家老頭子的雜貨店裡，一言不發地抽菸。別人以為他是遊手好閒，其實他正像獅子一樣觀察自己的獵物。

他有意識地同大發市場裡的店主混熟，誰家走私菸賣得多，誰家生意好，誰家現金多，漸漸都摸清楚了。他的小筆記本裡有一批名單和資料，凡是上了這個名單，條件成熟一個，他就撲上去殺一個。

「獅子」參加過幾次民兵訓練，槍法很準。他有點口吃，平時不大說話，但一旦出聲絕對不允許別人反對。

集團裡的二哥「禿鷹」是「獅子」的妹夫。他是紅色摩托車的主人，塊頭不大膽子大，在家裡話不多，但在勒索贖金以及和被害人家屬交涉的時候，狠話撂得比誰都熟練。

最初的三起大發市場搶劫殺人案，騎紅色摩托車的「幽靈」就是最早上道的「獅子」和「禿鷹」。

兩起槍擊案讓兩人賺得盆滿缽滿。由於從小就聽長輩們念叨村裡誰誰誰又發大財蓋了房子，兩人跟家人說在廣州合夥做買賣賺錢了，拿著搶來的錢分別給家裡蓋了三層帶院的樓房，街坊鄰居都對他們刮目相看。

最後一次大發市場搶劫案，兩個人幾乎沒搶到什麼錢，「獅子」受香港女明星被綁架案的啟發，決定走綁架之路。但兩個人實在忙不過來，綁了人都沒地方去，他們決定招兵買馬。

「獅子」找來自己的表弟「狒狒」開車，「禿鷹」找了自己的姐夫「鬣狗」專門看管人質。他們還換了做案用的交通工具，紅色摩托車變成了六座的農用車。後來「禿鷹」自己買了一部桑塔納，就把紅色摩托車丟給了新入夥的「狒狒」。

「狒狒」當時並沒有害怕，他覺得表哥都幹了這麼多大案子了，不也沒出事？

「狒狒」交代四月三日那天，放譚老闆回去之後，那輛BMW還在四人手裡，錢一時半會兒拿不到，「禿鷹」提議「開這好車出去兜兜風」。

四個人沒有明確的目的地，開著譚老闆的車在工業區漫無目的地亂晃，卻意外撞上了兩個執勤的員警。

四人的第一反應是，譚老闆報警了。但很快他們反應過來，要真是抓他們，不該只有兩個人。

但BMW畢竟不是自己的，「獅子」身上還帶著槍，根本禁不住查。於是，在被要求出示證件的時候，「禿鷹」轉過身裝作要去拿，副駕駛的「獅子」趁機連開兩槍，兩個沒有防備的員警應聲倒地。

他們從兩名員警身上搜出兩把手槍、四個彈夾，接著開車把受傷的員警載到東山水庫，準備毀屍滅跡。

可抬下車的時候，其中一個員警還在動，「獅子」抬手又給兩人各補了一槍。

因為殺了員警，路面上的巡邏員警變多了，村裡動不動就清查外來人口，四隻「野獸」收起利爪和獠牙，躲了整整一年的風頭，錢花得差不多了才出來。

四起槍擊案，三起綁架案，八條人命，其中還有兩名犧牲的員警，經過四年的苦苦追查，所有塵封的冤屈終於在那一刻重見天日。

拿到名單的當天，老潘就和弟兄們去了另外三個人的住處附近摸底，得到的消息喜憂參半。

「獅子」和「禿鷹」給家裡蓋樓房的時候還經常能見到，最近一年多基本不見人影；「鬣狗」的鄰居說最近看過他幾次，還有兩次看到他帶著幾個年輕人一起回家。

眼下已經抓了「狒狒」，另外三人遲早會察覺，不管怎麼樣都得打草驚蛇。老潘使了一個心眼，既然「獅子」和「禿鷹」不怎麼回家，乾脆明目張膽去拜訪，來個聲東擊西。員警們穿著制服，聲勢浩大地去葉黃兩家「拜訪」。反覆訊問他們兒子的行蹤後，兩邊老人的臉色都不好看。最後兩家父母都拍著胸脯說，一看到自己兒子回來就讓他們去派出所報到。這當然是場面話。

老潘還在兩家所在的村落外面設立了很多流動巡邏哨，無數雙眼睛在暗處盯著那兩個傢伙。很快，老潘在葉、黃兩家鬧出的大動靜就在村裡傳開了，街坊鄰居都開始議論那兩個平時遊手好閒的傢伙到底犯了什麼大事。

這一切正合老潘的心意，攪和的人越多水就越渾，這樣他就可以把走訪的重點放在沒什麼防備的「鬣狗」身上。

「鬣狗」家的房子在村子深處，通往那兒的小巷越走越窄。他家的房子也修得古怪，院牆都快和二樓平齊了，從外面很難看到裡面的情況。

老潘帶著弟兄踩了兩次點，最後把暗哨安排在村頭和村尾。五月中旬的一天，晚上十點多，暗哨的弟兄看到兩個戴著頭盔、騎著摩托車進村的人。按照蹲守這些日子的觀察，這個點村裡幾乎不會有外人進出。這一反常情況立刻引起了大家的注意。

他們一邊通過對講機通知老潘，一邊跟了上去。果然，兩人七拐八拐，進了「鬣狗」

家的小院子。

老潘帶著暗哨的兩名弟兄和六個特警先在村頭布置了一組攔截，又在村尾河對面安排了兩人。他們在村口給槍上了膛，特警的衝鋒槍也端在手裡，一場惡戰無法避免。

村裡沒有路燈，只有路旁「握手樓」❻窗戶裡透出的微弱光亮，老潘一行人也不敢開手電筒，摸著黑，沿窄窄的小巷向「鬣狗」家進發。

或許是因為人多，又或是生人的氣息太特別，「鬣狗」家院子裡的大狼狗突然叫起來，緊接著旁邊住宅裡的狗都跟著狂吠起來。

「什麼人？」

「鬣狗」宅子裡傳出一個中年男人的聲音。老潘猶豫了一下，正琢磨著該怎麼回覆，一個心急的特警直接喊了聲：「派出所查流動人口。」

此話一出，院子裡男人呵斥狼狗的聲音忽然停了下來，只剩下聲聲犬吠從門裡傳來，在寂靜的夜裡格外讓人心煩。

老潘後來跟我開玩笑，說當年幹活，很多弟兄真的很粗線條，欠考慮的東西太多。因為大家確實沒有經過什麼專業的學習和培訓，都是憑感覺去幹，有時候就是蠻幹。「那時候搞砸的事情不少，受傷、犧牲的事情也常有，真的都是血淚教訓。」

老潘知道糟了，但手上沒有能破開大鐵門的工具，圍牆又太高，一時半會兒根本沒有攻進去的辦法。

這時，「鬣狗」鄰居家的屋頂上突然躍起兩個黑影。村裡蓋的都是握手樓，樓和樓之間靠得特別近，如果從巷子追，根本看不到樓頂，很可能讓嫌犯逃脫。

情急之下，老潘朝天鳴了一槍。

槍聲在夜裡傳出很遠很遠，本來只有鄰近幾戶的狗在狂吠，現在整個村子的燈一瞬都亮了起來。

屋頂兩個人聽見槍響瞬間伏低了身子。老潘他們也不敢輕易跑動，緊貼著小巷子的牆壁大口喘氣。隔了十幾秒，屋頂上連續亮起幾束微弱的光，光衝著老潘他們過來，變成要命的子彈在耳邊炸響。悍匪有槍！

老潘腦子嗡嗡的，本能地壓低身子帶大家退到了有遮蔽的牆邊。剛一落定，衝鋒槍和手槍接連響了起來，老潘分明感覺到有飛濺的磚石碎屑擦過自己臉龐，鼻腔裡都是濃重的火藥味。

不到兩分鐘的時間，九個人的衝鋒槍和手槍彈夾全部打空，對面的屋頂上沒有再傳來

---

❻握手樓：樓與樓的間距過於狹窄的樓房。

槍響。趁著幾人低頭換彈夾的工夫，老潘讓兩名特警繞到前邊去看看。

「他們往左邊跑了！」還沒等歇口氣，特警大聲招呼，老潘一行人拔腿就追。不遠處，靠近村尾的位置，兩個黑影拚命向前跑著，不時還回頭補一槍。

子彈不長眼睛，巷子裡也沒有理想的掩體，老潘他們只能隔著二、三十公尺跟著。老潘心裡不斷演練著，村尾巷子是一條斷頭路，再往前有條大河會把他們截住。

老潘有些慶幸自己提前安排了兩個弟兄在河對面攔截，現在兩邊是巷子，前後有堵截，他並不怕對方狗急跳牆回過頭來硬拚，自己手裡有六把衝鋒槍、三把手槍候著，唯一的變數是前方那條河。

河有二十多公尺寬，萬一對方雙雙跳水，分頭逃竄，在夜裡視野受限的情況下，抓捕難度會直線上升。眼看著跑到了路的盡頭，一片死寂中兩方人馬無聲對峙著。

突然，江面上「噠噠噠」的馬達聲劃破了夜幕，黑沉沉的江面上出現了一條小貨船。

「撲通、撲通」，沒等老潘喊話，兩個匪徒雙雙跳入江中，玩命地朝小船游去。特警和對岸的偵查員開槍攔截，但兩個黑影扛著子彈越游越快，已經摸到了船沿。

船上還有老鄉，怕誤傷群眾，大家只好停止射擊。

老潘在河邊大口喘著氣，他的眼前沒有路了，他得顧及船上群眾的安全，而且那兩人手裡也有槍，頂著對方的火力強行登船會再度把自己弟兄置於危險中。他不能那麼做。

船上，囂張的大笑、呵斥清晰傳來。老潘站在河邊，眼睜睜看著那條小船越開越遠，完全消失在夜色裡。

「獅子」再一次從獵人的槍下成功逃脫，老潘發了狠，出租屋、小旅館全部清查，幾人的懸賞通緝令從家門口一路貼到了廣州、中山、江門。無論是什麼猛獸，這次都要讓他們寸步難行。

兩個月後，隔壁的順德區刑警大隊突然接到一起報案：當地頗有名氣的電子廠老闆曾老闆被人綁架了，他的家人接到了勒索電話，綁匪要八十八萬元現金，三天後交錢，不然就撕票。

省裡剛下發了四〇三槍案的協查通報，案子鬧得全城皆知，這種風口浪尖突發綁架案實在蹊蹺。當天晚上，順德區公安局的會議室被刑警支隊的外偵人員坐滿了，空氣中瀰漫著擔憂。

如果此去面對的綁匪真的是四〇三槍案的在逃犯「獅子」一夥，那麼對方手裡至少有三把槍，還有充足的子彈，交贖金和救人都是極危險的任務。

就在刑警隊長問大家要不要抽籤決定人選的時候，人群裡一個壯實的小夥子騰地一下站起來，說：「我是主辦員，交贖金的事情我得去。」

小夥子叫杜真，偵察兵退伍後進了警隊，幹了幾年外偵，比老潘小點，還不到三十歲。像「獅子」這種身上背著這麼多條人命的逃犯，杜真第一次遇到。確定出任務之後，他給老潘打了個電話。老潘再三叮囑杜真，一定要小心。

曾老闆被綁後的第三天早上十點，綁匪打來了電話——十一點，帶上大哥大，在市里文化宮門前交錢。

杜真和曾老闆的堂弟一起坐在自己同事開的計程車後排，大哥大放在褲兜裡，裝錢的黑色袋子放在腳邊，八十八萬元現金都是百元大鈔。

袋子裡沒有什麼機關、追蹤器，那時候要做到精確的定位，普通的小裝置很難實現，局裡也沒有類似的東西。

杜真的計畫很簡單：交錢時見機行事。如果能抓住收錢的凶手，就通過他去找其餘共犯；如果沒有機會抓人，就跟蹤他，跟到老巢一網打盡。

一切準備就緒，載著杜真和贖金的計程車出發了。出到大街，一輛摩托車穩穩跟在杜真坐的計程車後面，透過計程車的後視鏡可以清楚地看到，杜真安下心來。那是自己刑警隊的弟兄小航，負責這次行動的保護和支援。

文化宮附近算是市里最繁華的路段之一，很難停車，也經常塞車。按道理來說，綁匪們會給自己留好逃跑路線，文化宮並不是理想的交易地點。

果然，計程車剛過跨江大橋，杜真褲兜裡的大哥大響了。一個男人問他到哪兒了。聽到杜真的回覆後，對方立刻給了一個新位址：城東酒家，二十分鐘內到。

城東酒店在市區東邊，從跨江大橋過去恰好需要二十分鐘，看來對方早有準備，連時間都是算準了的。

城東酒店的位置相對偏僻，正對一個十字路口。路口沒有紅綠燈，中間是一個圓形大花壇，車輛往來需要圍著大花壇逆時針繞，往東就能輕鬆離開市區。

杜真心裡有數，這應該是真正的交易地點。

十點四十分，計程車停在城東酒店旁。杜真開始了漫長又煎熬的等待，隔著車窗仔細打量周邊環境：小航的摩托車就停在自己身後十幾公尺的路口，他正警戒地看著四周。路上的車很少，人行道上的路人腳步匆忙，沒人注意自己這部計程車。

他有些不耐煩，搖下車窗，看到酒店旁的小巷突然鑽出一個男子：個頭不高，寸頭，穿著寬鬆的T恤和中褲。男人左右掃視了一下，就直衝著他和八十八萬元贖金所在的計程車走過來了。

「拿錢來！」來者聲音不高，但十分凶狠，說話時右手按著腰間，示意自己身上有「傢伙」。

來人正是省廳通緝令裡的矮個子、犯罪集團裡的二哥「禿鷹」。杜真打開車門往裡靠了靠，把裝錢的旅行袋放到座椅上，自己下了車，示意「禿鷹」上車。

「禿鷹」見狀，猶豫了一下，把腰間的槍挪到身前，然後彎下身子鑽進了後排，警戒地沒有關車門。

杜真守在車門邊，故作悠閒地抽菸，實則監視著男人的一舉一動。「禿鷹」拉開旅行袋的拉鍊隨意翻看了一下，推門就要走，杜真一把拉住他：「就這麼走了我沒法交代啊。」

杜真一把拉住了旅行袋，說：「把車鑰匙和行駛證給我就行。」他得給埋伏在遠處車上的弟兄們爭取點時間。「禿鷹」有些不耐煩，表示自己沒帶。

「總得有點憑證吧，開個收據給我也行啊。」杜真沉著地纏住他，曾老闆的堂弟和扮作司機的同事也都下車在旁給杜真幫腔。

或許是害怕幾個人糾纏在一起動靜太大，「禿鷹」同意把身上帶著的大哥大給杜真，那是曾老闆隨身攜帶的物品，可以做憑證。

「禿鷹」鬆開自己放在槍把上的右手，準備去掏褲袋裡的大哥大，低頭的瞬間，杜真一腳直踹，假扮司機的同事順勢把人撂倒在地上，杜真掏出手銬正準備上拷——

「砰！」杜真身後傳來一聲槍響。餘光裡，他看到騎摩托車保護他的同事小航和一個高個兒男人扭打在一起。

同事被槍聲驚到而放鬆，「禿鷹」一下掙脫了控制。杜真回過神，顧不得身後發生的狀況，掏出槍搶在「禿鷹」之前連開兩槍。「禿鷹」被打中了胸口，當場斃命。

杜真還沒從開槍後的耳鳴裡緩過來，身後又傳來一聲槍響。回過頭，一個單薄的身影倒下了，血還在汩汩往外冒。杜真根本沒意識到，就在剛剛他的身後一個燒紅的槍口幾次對準他。

當杜真和「禿鷹」交易的時候，小航注意到馬路邊一個高瘦的男人突然變得躁動，時而站起來伸長脖子，時而蹲下來找奇怪的角度，像在從車流的縫隙裡觀察杜真那輛計程車，而且他的褲袋沉沉的，可能藏有「傢伙」。

小航意識到了危險，他跳下摩托車，緊跟在高個兒男人身後。看到杜真他們突然發動攻擊，男人瞬間快步向計程車逼近。杜真正在和「禿鷹」搏鬥，對身後逼近的男人毫無察覺。眼看男人的手伸進了褲袋，小航孤注一擲，直接從後面撲上去抱住了男人。

男人比他高出一個頭，憑著高大的身軀拚命反抗，但被小航鎖死了喉嚨，抵住了腰眼。垂死掙扎中，他從褲袋裡掏出早就上了膛的手槍，朝著右邊腋下扣動了扳機。

小航的右胸口一瞬間血流如注，他慢慢鬆掉了力氣，向下墜去，但他仍看著杜真的方向——他安全嗎？他的任務順利結束了嗎？

最後關頭，小航拚死坐起來，兩次朝高瘦男人舉起手槍，可是已經無力扣動扳機了。男人回身，又向小航連開兩槍。

周邊的刑警弟兄們聽到槍聲立刻趕到，殺紅眼的高瘦男人鑽進了旁邊的酒店，幾個逃出來的服務生、廚師用門閂從外面鎖住了門。

屋裡的男人成了困獸，他從兜裡緩緩掏出了一枚手榴彈。屋外所有員警的槍口都朝向男人的方向，槍聲震耳欲聾。

一陣激烈的掃射過後，杜真拿著槍，踩過碗碟碎片，小心翼翼走到了男人身邊。男人整個人泡在自己流的血裡一動不動，他的手裡還拿著一把六十四式手槍，手榴彈的拉火環已經套在手指上了。

杜真踢開對方手裡的槍，用腳將他翻過來，終於看清了對方的正臉——悍匪四人中的老大，「獅子」葉奮權。

擊斃了悍匪集團的兩大頭目，但隊裡沒有一個人感到高興，因為中槍的小航沒有醒過來。昏迷狀態中，他手中的槍仍指著歹徒，衝過來救他的弟兄叫他把槍放下，他怎麼也不肯放手。直到把他送到醫院搶救，弟兄們費了很大的力氣才把槍從他手裡取下來。

犧牲了一個弟兄，抓多少匪徒也抵不回來。杜真反覆地想，要是當時小航沒有衝過去，中槍的就是自己。但現在還不是脆弱的時候，悍匪中還有最後一個「鬣狗」不知道躲在哪裡，被綁架的曾老闆和他的情人還生死未卜。

留給杜真他們的時間不多了，誰也不知道在得知自己同夥被擊斃後，「鬣狗」會不會做出什麼喪心病狂的事。

三天後，接到消息的老潘和章法醫趕到了順德區公安局，與杜真會合。兩個罪犯的隨身物品全被搜出，兩人身上各找到一支槍，正是四〇三槍案中兩名被害員警的配槍。

「獅子」的褲袋裡有個黑皮筆記本，側面已經被鮮血染成了紅色。筆記本寫了三分之二，每一頁上都記載著一個車牌號碼，還有車型和顏色、經常出沒的地點。總共三十三部車，除了兩部賓士，其餘全是ＢＭＷ。

最前面打勾的幾個，正是之前綁架案受害者的車輛資訊，而最後一個勾，就停在這次綁架的曾老闆的資訊上。這筆記本就是他們的綁架名單。

章法醫注意到，筆記本旁邊別著一支小圓珠筆。那支筆很不起眼，上面印著幾個小字，開頭幾個字已經模糊不清，但最後兩個字依稀能辨認出：「假」「村」。

章法醫內心振奮：「鬣狗」很可能藏在南海靠近廣州一帶的度假村裡，區域裡的三個度假村全被列為重點。

南海、順德，還有廣州鄰近的兩個派出所，在省廳的協調下各自調度了三、四百人，第一時間把三個重點區域周邊所有的交通要道全部圍堵，設檢查哨盤查所有的過往人員和車輛。

雖然匪徒只剩下一個人，但大發市場系列案以及四〇三槍案殺死員警的那把槍到現在還沒有找到，很可能就在「鬣狗」身上，他們還不能鬆懈。

清查的隊伍按照最大火力配置，每個小組六個人，人人帶槍，並且至少有一把衝鋒槍，由刑警隊的員警帶隊。發動上千警力上路抓捕一個嫌犯，老潘幹刑警這麼些年，就這麼一次。所有人都出動了，分組的時候，老潘猶豫了一下，最後拍了拍章法醫的肩膀，讓他到最週邊的幾個點去清查。章法醫也一遍遍叮囑老潘務必小心：「我可不想再在解剖臺上看見自己同事，尤其是你。」誰都無法再承受任何一個弟兄的離開。

一九九五年七月十二日，夜已深，整個金沙度假村靜得可怕，這片平日裡的休閒度假之地，今晚卻成了剿匪戰場。

五〇六木屋別墅周邊布置的警力已近百人，一組特警摸黑，靠到離別墅不到十公尺的地方，蹲在草叢裡等待時機。

四十分鐘前，老潘的對講機裡突然傳來一陣緊急呼叫。刑警隊以查戶口的名義檢查金沙度假村裡的小木屋時，敲第一個房間就遇到了情況——

「誰敢查我戶口，我有槍，有手榴彈，砸我門就斃了你……」五〇六房間裡，一個男人大聲嘶吼，其間還伴有女人的呼救聲。帶隊警員猛然一驚，轉身避到死角裡，同行的民警紛紛隱蔽起來。

由於對方手裡有人質，加上方位不利，根本觀察不到屋內的情況，隊員們不敢強攻，只能等待支援。

老潘趕到度假村的時候已經快夜裡十二點了，他鑽進離中心目標不到一百公尺的一棟空別墅中，那裡被定為臨時指揮所。附近的幾個派出所所長、管刑偵的副局長都到了，但是衡量之後，大家還在犯愁。

爭論的焦點在於「鬣狗」手裡的人質。被綁架的曾老闆在當地算是有頭有臉的人物，開的電子廠是鎮上的納稅大戶，貿然衝進去，不管是傷了員警還是曾老闆都不好交代。其間，老潘試著給對方送水送吃的，對方一概拒絕，不許任何人靠近那個別墅。時間一分一秒過去，雙方依然在對峙。「鬣狗」所在的木屋別墅儼然一座堅不可摧的堡壘。

這種房子的構造很特殊，為了避免地下的潮氣，木屋下設有高一公尺左右的架空層。屋子其實不是木頭做的，框架立柱是混凝土，其餘部位都是薄薄的木板貼了一層樹皮，做成木屋的外觀。

五〇六房是所有木屋中最難實施抓捕的一個，它在最邊緣的位置，旁邊就有小路可以逃跑。周圍又沒有任何掩蔽，從裡向外看視野很開闊，如果是大白天根本無法接近。

他們選擇這個房間的時候，也許就預想到了不久後的某一天，自己將會面臨今晚這種局面。

五〇六房關著燈，屋裡再沒有任何動靜。屋外，夜幕和木屋周圍的灌木叢成了警員們唯一的掩護。

大戰一觸即發，雙方都不敢輕舉妄動。僵持了一段時間，老潘他們決定先出擊，派談判專家對「鬣狗」展開心理攻勢：「你已經被我們包圍了，只有放下武器，釋放人質，才是唯一的出路……」

「是誰告訴你們我在金沙度假村的？」屋裡傳出聲嘶力竭的叫喊。

「葉奮權已經被我們拘捕了！頑抗到底，死路一條！」

「到底是誰出賣了我？」

「鬣狗」發瘋般絕望地喊道。話音未落，屋裡突然傳出槍響，像是給出了頑抗到底的回答。霎時，曳光彈撕破了黑夜，「噠噠噠！」前排包圍木屋的員警向五〇六房還擊。

一輪對射後的短暫沉寂中，「鬣狗」又喊：「我有手榴彈，誰敢進來就同歸於盡！」

這時，別墅的窗戶嘩啦一聲巨響，一個黑影撞破窗戶躍出，隨著破碎的玻璃一同跌入旁邊的灌木叢。旁邊的特警第一時間衝過去，拉住了那個跳下來的黑影，就是被綁架的曾老闆。

他們剛向後退的時候，別墅裡又傳來砰砰兩聲槍響。特警隊員趕緊把曾老闆撲倒在地，所有人都屏住了呼吸。黑暗中，大家都靜靜地趴在草地上，只有那兩槍轟鳴在夜空中迴蕩。

曾老闆被送到了臨時指揮中心，沒有醫生，章法醫臨時充當起了醫護人員，幫曾老闆處理身上的小傷口。

早上六點，天色眼看要發亮，老潘他們不能再等下去了。弟兄們必須在天大亮之前攻進去，不然木屋周圍的弟兄就會失去掩護，暴露在這個亡命之徒眼前。

曾老闆逃脫後對方連開兩槍，老潘他們分析，喪失了最重要的籌碼，那兩槍很可能是槍殺了女人質。現在只剩下一件事：用最小的代價，攻進去。

第一步是火力壓制，老潘他們找來了局裡全部的庫存催淚彈，二十多發就從曾老闆撞開的那個窗戶打進去。

窗口冒出來的煙越來越濃，但別墅裡卻格外寂靜，沒有一點響動。這太反常了。老潘開始懷疑，「鬣狗」是不是已經在屋裡自殺了？於是派兩組特警靠近別墅觀察情況。

特警隊員們一步步靠近，沒有聲息，再一步，依舊沒有聲息。突然，槍響如驚雷，對方從窗口開槍，試圖攻擊正在靠近別墅的特警隊員。

圍攻金沙度假村已經整整一個晚上，參與行動的所有員警都紅著眼睛，繃著神經，甚至壓著怒火等待最後強攻的指令。但沒有人想到，最先打響這一槍的居然是匪徒，殺害了三個員警弟兄，現在囂張到朝特警開槍的匪徒。

剛靠近的特警隊又撤了回來，隊伍裡，不知道是哪個弟兄忍不住對著別墅還擊了一槍，隨後槍聲就像是過年時燃放的鞭炮，響聲連成了巨浪，沖刷著現場每個人的耳膜和內心。聽到自己弟兄放槍的瞬間，老潘第一時間控制住了要開槍的本能。但耳邊不斷傳來的槍聲裡，他想起了自己那兩個犧牲的弟兄。

「這時候不開槍怎麼對得起他們！」老潘腦子裡這個想法戰勝了一切，這些日子的焦慮、憤怒，都在那一刻隨著子彈飛向了匪徒。

同樣在隊伍裡的章法醫也控制不住地向晨光中的別墅開槍。追凶四載，就用自己放出的第一槍做個了結吧。

對講機裡傳來副局長的大聲嘶吼，他試圖阻止大家射擊，但這個時候，在連綿的槍聲中，幾乎沒有人聽得到。也許有人聽到了，但是誰又甘心停下來呢？

槍聲終於停歇下來，因為幾乎所有人的彈夾都打空了，甚至有些員警的備用彈夾都打空了。

屋內已經沒有活人，女人質早已被匪徒槍殺在臥室牆角，身中兩彈。經技術鑑定，兩彈均來自「鬣狗」的手槍，就是那把釀成大發市場舊案、四〇三槍案的槍。

而抵抗到最後的「鬣狗」，為了躲避催淚彈，躺在兩張床之間的地板上，枕頭捂著嘴巴，身上布滿彈孔，手裡仍握著手槍。

金沙度假村的槍戰結束之後，老潘他們根據唯一倖存匪徒「狒狒」的口供，在廣西找到了最初販賣槍枝和彈藥給「獅子」的人。那把殺害九人、釀成五起血案的槍，當時的售價僅僅是八百元。

老潘告訴我，四〇三槍案是他從警以來犧牲員警最多的一個案子，最後決戰也是出動員警最多的一次，包括特警、刑警、巡警、武警，甚至民兵，超過千名警力。槍戰歷時六個多小時，共用了兩千多發子彈。

從一九九六年年底開始，隨著《中華人民共和國槍枝管理法》的實施，全國展開了多次專項行動，陸陸續續清繳了各地的非法槍枝。

槍案越來越少，民間流通的制式槍枝和仿製式槍枝幾乎完全絕跡。我工作以來只經歷過三起槍案。

前兩個月，一個老前輩還傳了一張人體損傷照片給我，讓我分析致傷工具是什麼。我看了半天，沒看出那是一個子彈造成的擦傷。這對一個法醫來說或許有點慚愧，卻是這個時代的一種幸運。

10

團圓行動

我們直面的是一個個令人沮喪甚至憤怒的慘象，但我們需要依靠理智和經驗從中得出結論，好讓身後更多的弟兄以這個結論為基礎去行動。

案發時間：二〇〇五年三月。

案情摘要：新城商業區路邊綠化帶發現「一隻手」。

死者：吳梓豪。

屍體檢驗分析：兒童左手手指纖細，指甲乾淨整齊，手掌皮膚光滑，無疤痕和繭。手掌外側邊緣有狗啃痕跡。帶有一小截手腕，腕部骨質斷面見平行傷痕，為刀具反覆劈砍所致。手腕斷端肌肉呈灰白色，無出血反應，證明該手為死者遇害後被砍下。

年底，我和幾十位來自全國各地的法醫聚到一起，不在解剖臺前，而是盯著電腦；手裡拿的也不是慣用的二十四號解剖刀，而是滑鼠。

我們在做一件「世界上最難的事」，一間像中學時代電腦教室的房間被一分為二，前半間坐著人像比對專家，後半間坐著法醫DNA專家。這裡是「團圓行動刑事技術集中比對會戰」的主戰場，我就坐在「戰場」的後面。

「團圓行動」是公安部展開的尋找被拐失蹤兒童的專項行動，這次抽調全國技術專家展開的比對會戰為期八十天。在此期間我們只做一件事：比對上盡可能多的失蹤孩子，送他們回家。

因為沒有強制性任務，一開始我心態還比較放鬆，但很快我就發現，我的同桌是所有人當中最「卷」的。他比我高大很多，年齡也比我大，名字裡還有個「達」字，我就喊他「達哥」。

參加「團圓行動」的人都可以通過網頁即時看到「已認定戰果」，當我興奮地看著自己名字後面的「〇」變成「一」的時候，達哥已經是「十一」了，這個數字代表比中的失蹤兒童數量。

我好奇他怎麼能比對出來那麼多，還那麼快？後來才發現，他每晚都背著我們「偷偷」幹。白天大家從早上八點開始對著電腦比對，晚上吃飯，別人都回宿舍休息，他還會回電腦房繼續比對。

看著他戰果不斷，我自己也慢慢「卷」起來了。行動還剩十天的時候要組織分享會，交流成功經驗和典型案例。別的同行都不大想講，達哥卻十分主動請纓，還認真準備了ＰＰＴ。

我開他玩笑：「達者為先！」但我知道，他願意這麼做，一定是因為他付出的比其他人都多，或者說經歷過的比其他人都疼。

我坐在臺下聽他講，不斷想起那個因為一枚名牌被拐走的小女孩的案件。每次經過她上學的路口，我還是會有一瞬的恍惚，她像立在我心上的一塊碑。我能感覺到，臺上的達哥也有他的「碑」。

分享會結束的那天晚上，我和達哥在當地一家土灶柴火雞店裡，烤著火，等著雞燜熟。我第一次聽到了這個身形高大健碩的法醫心底，那塊碑下埋著的故事。

二〇〇五年三月十四日傍晚七點多，從接到勘查通知，達哥就開始做心理準備。現場離公安局只有不到十公里，留給他做準備的時間並不多。其實也不是什麼血流成河的大場面，新城商業區的路邊綠化帶發現了「一隻手」。對於達哥這個局裡最早的法醫碩士、勘查檢驗的主力來說，這個事件不算什麼。

但報警電話裡的一句話，讓達哥的心懸了起來。「好像是小孩的手。」當晚七點多，新城商業區的五金店老闆正在餵狗，突然瞄到狗窩邊好像有個「怪東西」。

第一眼，老闆以為是自家小黑狗從附近叼來的塑膠玩具，但越看越慌：蒼白的顏色，略微屈曲的五根手指，並不光滑的斷面……

老闆拿起店外的鐵鏟，一用力將那怪東西連帶旁邊的雜物一塊兒鏟起來，又小跑著把「東西」倒在路邊的綠化帶下面，然後丟開鏟子，給狗拴上鏈子。回到鋪子，他坐在櫃檯後面歇了好一會兒，終於撥通了報警電話。

作為開業僅一年多的商業區，這裡的人氣不算太旺。傍晚時分，大路旁的店家大多已經關了門，有的則是已經打烊，更多的是根本沒有商家入駐。昏暗的路燈遠不足以滿足現場勘查的需要，達哥帶著幾個弟兄一起從車上拉了線，支起臨時燈架，配上了最大功率的照明燈具。

當電話裡的「那隻手」出現在視線裡時，達哥還是忍不住深吸一口氣，才緩緩蹲了下去。它靜靜地躺在灌木叢底，蒼白的斷肢和泥土的顏色很接近，達哥戴著手套，用手指輕輕把它捏起來，仔細地查看。

它確實屬於一個孩子，放在自己手心裡只占一半，是隻左手，手掌的皮膚光潔，沒有任何疤痕，更沒有繭；手指纖細，指甲乾淨整齊；手背上沾附著一些塵土和草屑，手掌外側邊緣有被狗啃過的痕跡，但缺失的部分並不多。

達哥甚至慶幸五金店老闆把狗餵得很飽。斷手帶著一小截手腕，腕部骨質的斷面有好幾處平行傷痕，是刀具反覆劈砍造成的。

達哥的心沉了一下，這樣粗暴的劈砍在普通綁架案中幾乎不存在。因為犯人通常沒有救護能力，直接砍斷小孩的一隻手，不及時包紮止血，很可能直接導致人質死亡。

下一秒達哥注意到，手腕斷端的肌肉呈現出不同尋常的灰白色，這幾乎在逼迫他做出那個最抗拒的結論——沒有出血反應。明顯說明這隻手被砍下來的時候，它的主人早就已經遇害。

達哥找了個塑膠箱，墊上墊巾，小心翼翼地把那隻手捧進去。隔著手套，他都能感覺到那隻小手冰涼冰涼的。在自己手掌的襯托下，它顯得那麼小，似乎用力一握就會在他兩手間消失。

他打電話跟隊長彙報勘查情況，說到最後感覺自己都有些呼吸不順了。他可是平日裡輕輕鬆鬆就能跑五公里的人。達哥下意識覺得自己緊張了，其實他知道，自己是不願意承認有個孩子已經遇害。

「我總覺得作為法醫可以緊張，也可以憐憫，但絕不能軟弱。」這做起來並不容易。多數時候，我們直面的是一個個令人沮喪甚至憤怒的慘象，但我們需要依靠理智和經驗從中得出結論，好讓身後更多的弟兄以這個結論為基礎，行動起來。

灌木叢就在大馬路邊，旁邊十幾公尺是一字排開的商鋪，路上的車流因為圍起來的警戒線開始擁擠。這絕不是個棄屍的好地方。但現在除了凶手和那條小黑狗，沒人知道這隻斷手原本被遺棄的地方，也沒人知道它原本的小主人現在在哪兒。

這大概是一個法醫最孤獨的時刻——嚥下所有沮喪，任由這些看到的在自己心裡不停翻攪。

彙報完情況，達哥感覺喉嚨發緊，嘴裡滿是苦味，他走到附近一家還開著的便利商店買了幾瓶水。灌下半瓶之後，看著老闆不時朝警戒線張望，滿臉八卦的神色，達哥隨口問：「這麼遠你看得見嗎？知道啥情況？」

沒想著能有什麼有用的回應，結果店老闆指了指店外的電線杆，又從櫃檯裡掏出一張紙。那是一個十一歲男孩的尋人啟事，照片裡的男孩笑得很開心。

男孩叫吳梓豪，走失時上身穿黑色外套，下身深藍尼龍褲，腳穿藍邊白底運動鞋。失蹤時間就在斷手被發現的前一天，三月十三日晚上。

他幾乎能透過這張尋人啟事看到男孩父母焦急的面孔。那時達哥雖然自己還沒有孩子，但他十二年前還在上中學的時候，就「親歷」了一起走失案。

有天，他一邊吃著晚飯，一邊聽自己母親念叨，鄰居家的小妹丟了。達哥當時愣了一下，下意識問道，哪個小妹？

「就老何家那個，笑得很甜，每次見面都叫你『哥哥』那個。」母親說著給他添了一碗的菜。

鄰居何叔叔家有一兒一女，據說是夫妻倆帶著三歲多的小女兒逛街，沒看住。夫妻倆發動親朋好友包括達哥他們家，找了整整兩天，毫無線索。後來報了警，但員警也沒線索，最後就不了了之了。從那以後，一直到參加工作，達哥每次回家，只要見到何叔叔一家都會下意識躲開。

他知道這對夫妻一直沒有放棄找女兒，實在不忍心一遍遍看對方希望落空之後失落憔悴的樣子。尤其是在自己穿上警服之後。

達哥帶著斷手回到局裡的時候，吳梓豪的父母已經趕到並等著採血。雖然還沒有做DNA鑑定，但這對父母幾乎已經認定斷手是自己兒子的了：小孩剛失蹤，這隻斷手就在自家門前的商店街出現，而且大小差不多。

梓豪媽媽已經神情恍惚了，或許是報案的時候已經痛哭過，這會兒面對達哥，她只是紅著眼睛，一邊擦淚一邊不斷念著：「該早點叫他回家吃飯的，該早點……」

商店街發現斷手時，她正在附近的網咖和遊樂場裡找孩子，一天一夜都沒闔過眼了。在她的預想裡，最壞的結果是梓豪被人拐走了，她根本沒有準備面對一隻「斷手」。

「梓豪很乖，成績優秀，懂事聽話。他比其他孩子更有時間觀念，總是按時完成作業，準點回家吃飯……」

梓豪爸稍微鎮定些，但臉色也很難看，無奈地告訴達哥自己平時忙，對孩子的關心不夠。看著這對父母，達哥什麼都說不出口。如果斷手真是梓豪的，情況可能遠比梓豪爸媽想像的要壞。

採完血，達哥剛要走，梓豪爸爸忽然拉住達哥。「那個手……是不是在你們這兒？要不要凍起來？如果找到小豪了，還能不能再植回去？」

達哥愣了一下，他沒想到梓豪爸爸會提出這樣的要求。事實上，在看到斷手邊緣沒有出血反應的時候，達哥就已經認定，孩子遇害了，這大概是一個分屍案。

而這一切，眼前這對父母全然不知。在他們看來，現在只找到一隻手，或許孩子還活著呢？是啊，哪怕只有一絲希望。

迎著這種憔悴又熱切的目光，達哥的嘴裡又出現了那種苦味。如果「悲傷」有味道，應該就是這樣。

孩子丟了，對一個家庭來說意味著什麼？達哥親眼看過。何小妹丟了之後，何家在幾年之間分崩離析。

先是何叔叔無法原諒自己弄丟了孩子，整日酗酒，喝到肝癌去世；何大嬸一人拉拔兒子長大，好不容易熬到兒子大學畢業，參加工作，結果好景不長，沒兩年何家大兒子就因交通事故意外去世。原本圓滿的一家四口，最後只剩下何大嬸孤零零一個人。他從不敢直視對方的眼睛，太苦了。

此刻，兩對父母的身影似乎重疊在一起：他們都知道希望渺茫，但他們都緊抓著希望不放。而達哥知道，自己註定要讓他們失望。

他對梓豪爸爸搖了搖頭，告訴對方：「孩子是被人殺了之後才砍下手的。」

對面的男人想說什麼，但只是喉結動了幾下，哽住。看著這個無語凝噎的父親，達哥只能轉身離開。他沒有也不忍心告訴梓豪爸媽的是：即便自己有萬分之一的機會判斷錯誤，孩子還活著，他也將永遠失去左手——因為發現的那隻斷手被烹煮過。

在血淋淋的現實面前，法醫無法給予安慰，但希望這一點點「隱瞞」能讓這對父母在真相到來前，好受一些。

梓豪爸爸正在接受詢問，突然手機響了，問話的偵查員立即示意他把手機放在桌上。是一個陌生的電話號碼，他按下免持通話，電話接通。「誰啊？是誰！」梓豪爸爸喊了兩聲。電話那頭卻寂靜一片，好像根本沒人。

這個莫名其妙的電話只持續了十多秒，最後是對方先掛掉了。有那麼一瞬間，在場的人都覺得，對方就是電影裡那種綁匪，察覺到這邊開了免持通話才掛掉電話。但誰也無法判斷這到底是不是綁匪打電話來試探。

令人窒息的兩分鐘之後，又是一聲提示音，同一個號碼發來一條簡訊：對不起，剛才是打著玩的。陌生的來電，蹊蹺的簡訊，這一系列反常舉動立刻引起了達哥的懷疑。

隊裡第一時間查核電話號碼歸屬地，就在本地，但是一張不記名電話卡。經過簡短的商量，偵查員又用梓豪爸爸的手機回撥過去，電話那頭只傳來一陣忙音，對方關機了。

隊裡派人去調取這個號碼的通話清單——基本沒有有效通話，暫時無法確定機主的身分。不少偵查員覺得，這會不會是一個綁架勒索最後撕票的案子？

那些年斷手、斷指的案子實在不少。二十世紀九十年代，港片裡經常出現綁匪剁了被害人手指手掌，威脅勒索家屬的橋段，後來出現了不少模仿做案。

只是這種猜測有個站不住腳的漏洞：如果是為了拿斷手威脅勒索孩子的父母，那麼「烹煮」這個行為就顯得格外多餘。到底是什麼人對一個孩子有這麼大的惡意？要做這麼殘忍的事？

如果不是綁架勒索，一般情況下，能讓罪犯朝孩子下手，仇怨往往不是由孩子引發，而是孩子的父母。隊長細心詢問了梓豪父母的生活細節，尤其是有沒有陳年積怨的鄰居或仇家。

梓豪家經營電子產品外貿生意，梓豪媽媽說，商店街附近根本沒有競爭對手，以前的生意夥伴也沒有矛盾。至於鄰里之間，這邊是新建的社區，周邊鄰居都很和氣，平時也很少碰頭，談不上什麼仇怨。

但梓豪媽媽說話的時候，隊長發現梓豪爸爸漸漸皺起了眉頭，一副欲言又止的樣子。他讓同事接手繼續給梓豪媽媽做筆錄，自己則把梓豪爸爸單獨領到了另一間辦公室。

一關上門，還沒等到隊長開口，梓豪爸爸就先告訴他：「我最近可能真得罪人了！」

原來梓豪爸爸早在三年前就有了外遇，對方是沐足店做按摩的，叫阿娟。

他給阿娟租了房，每個月還給對方一筆錢，算是專門養了起來。平時會藉談生意要出差的藉口，隔三差五去阿娟那兒住兩天，幾年下來倒也相安無事。

可就在案發前一個月，有天下午，他沒提前打招呼就去了阿娟的住所。結果一推開臥室門，阿娟正和另一個男人躺在床上，兩人都光著身子。

怒火中燒的梓豪爸爸想都沒想，抽出皮帶就對著床上這對「姦夫淫婦」一頓亂抽。或許是因為心虛，儘管那個男人比他年輕力壯，但對方一直都只是躲閃，並沒有還手。

當天晚上，他就把給阿娟租的房子退掉了，任憑對方幾次打電話來哭訴求原諒，依然狠心掛掉了電話。之後他沒給過阿娟錢，也不再和對方見面。

後來，他也不知道阿娟去了哪裡，更不知道那個和阿娟混在一起的男人姓啥名誰。事已至此，梓豪爸爸覺得很可能是對方想報復自己，最後害了孩子。

「這女人跟了我三年，對我家的情況也算了解。」他這麼說。最重要的是，她還認識小豪！

DNA實驗室連夜加班，終於確認：斷手主人和梓豪爸爸符合親生關係，被殺害的孩子就是失蹤的吳梓豪。

完整的案發經過基本浮出水面：吳梓豪十三日晚在商店街失蹤，父母報案。當晚，孩子被害分屍，凶手趁夜色丟棄屍塊。之後經過一整個白天，十四日下午，梓豪的左手被五金店的黑狗叼回狗窩。

這當中有一點讓達哥有點意外——黑狗就在商店街，牠能叼回來梓豪的斷手，證明梓豪的失蹤地點和棄屍地點異乎尋常的接近。等於屍塊就扔在了「家門口」！

在達哥心裡，和破案同樣重要的，就是找到完整的屍體。這是他經手的第一起兒童分屍案，那兩天，不管是吃飯、睡覺，達哥腦子裡都會反覆出現那隻小小的斷手。分屍案中，越晚找到屍體，越難保持完整。達哥得儘快找到孩子，還父母一個完整的念想。

達哥說，雖然已經當了幾年法醫，但他還是學不會像老前輩一樣把情緒藏起來。面對被害人家屬的痛哭，他總是忍不住紅眼睛。這幾年的長進也不過是學會了摘下眼鏡，用按壓鼻梁的動作掩飾自己擦眼淚。

他忍不住從電腦裡找出何大嬸當年拍給他的照片。照片裡是滿臉笑容的一家四口，可自己記憶裡只有何叔叔每次醉酒後放聲痛哭的樣子。甚至不翻出照片，何小妹的樣子早在自己腦海裡模糊了。

當他意識到這是一個分屍案，並且受害者是個孩子的那一刻，他比之前任何時候都希望何小妹安好。他不想以後在類似的卷宗上看到她。作為法醫，能給人帶去好消息的時候太少了。

整整一個下午，達哥都在現場附近的商業區晃悠，他也不知道自己能找到什麼，但總覺得多轉兩圈或許就會有收穫。他忽然有些理解鄰居何叔叔夫婦，夫妻倆一有空就會去女兒走丟的街上轉轉，常常是走了很久沿途看，問遇到的每個人，但一條街走下來又不知道自己看見了誰，問到了什麼。

他們的生活永遠卡在孩子丟的那一天，甚至那條街——他們期待一場奇蹟，一場自己都不相信會發生的奇蹟。現在，他也在等一場「奇蹟」發生。

三月十五日當天，本地都市早報在社會版頭條報導了這起案件。報導中說，頭天吳氏夫婦報案時派出所員警對他們愛理不理，簡單詢問了一下就想打發他們回家，理由是「失蹤時間太短，不方便立案」。結果第二天黑狗就發現了斷手。話裡話外諷刺員警的找人能力還不如一條狗。

但現實情況遠比報導複雜得多。隊長詢問了吳梓豪失蹤當天一起玩的四個小夥伴，最後一個和吳梓豪分開的小孩告訴隊長：「他往網咖的方向走了。」

但奇怪的是，隊裡把網咖門口的監視影像拷貝回來反覆看了好幾遍，都沒有看到吳梓豪。商業區頭尾，兩個紅綠燈路口的影像，也沒有拍到吳梓豪離開的畫面。

這個十一歲男孩就在這不到兩百公尺的距離裡「消失」了。臨街不過二十來個開門的店鋪，兩排出租樓，住的基本都是附近上班的人。

達哥估算了一下，如果吳梓豪是在這個狹長的圈子裡遇害的，那麼第一現場就應該在這條街上。

二〇〇五年那會兒社會治安並不好，店裡大多要住人，怕晚上有人撬門偷東西。所以商鋪的格局很統一，大多都是五公尺高，小門面，長縱深，前後間隔，上下兩層。鋪子後面附簡單的廚房和廁所，上面的隔間拿來做倉庫和守夜人的床鋪。

結合做案手法分析，分屍要比較長的時間，那麼就需要足夠獨立、不受干擾的空間，還要滿足沖洗條件；而烹煮，意味著需要相應的廚具和灶臺。

一個附廚房和廁所的商鋪幾乎完美符合這幾個條件。對店鋪和租戶的調查立刻開始——從十四日到十五日晚，現場附近出租屋忽然離開的總共有五個人，其中三個人是家中臨時有事，另外兩個人，一個被朋友叫出去玩，一個出差。

通過查詢他們的通話紀錄，詢問老鄉、工友，基本核實了說法。隊裡還專門安排了偵查員，挨個兒去這五個人租住的房間查看，都沒有發現異常。

眼看派出所這邊再沒有什麼新線索，達哥返回隊裡繼續研究那隻斷手，隊長則帶著人又回了發現斷手的現場。從花壇開始、往網咖方向，隊長一間一間走過臨街的店鋪：裝修公司、房地產仲介、廣告印刷……一個小孩對這些店鋪不會感興趣。

能夠吸引小孩子的是什麼呢？數來數去，隊長的視線最後停留在兩家便利商店、一家麵包店和一間魔術玩具店。正好，四間店都還沒有關門。

便利商店裡，一個二十多歲的男店員表示，確實經常有小孩到店裡玩，但很少逗留，都是買了就走。

另一間便利商店就在發現斷手的綠化帶旁邊，門口的電線杆上還貼著吳梓豪的尋人啟事。店主是個中年男人，這兩天已經被先後問過幾次，但他看熱鬧聊八卦頭頭是道，真正有價值的資訊一點都沒提供。

麵包店的女孩看一堆人進店，本來很熱情地上前推銷麵包，等隊長表明身分後，立刻緊張起來，站在那裡一動不動。

隊長隨口問了兩句，又在鋪子裡逛了一下——麵包店看著乾淨整潔，但店鋪裡邊和其他店一樣雜亂無序，麵包也是從另外的作坊送過來的。而且這個店裡並不住人，沒有廚房和廁所。

走到最後那間魔術店的時候，一個不到二十歲的小夥子正在關門，看樣子是準備打烊了。從店門望進去，這同樣也是一家前鋪後房結構的店，店鋪弄了隔層，應該是有人住。店門口除了張貼許多花哨的魔術師海報之外，還在顯眼位置貼著「店鋪轉讓」。

店裡坐著一個低頭玩手機的男人，看起來也是二十來歲。隊長表明身分，問他是否見過吳梓豪，關門的小夥子指了指坐在櫃檯後面的男人：「那是葉老闆，有事問老闆。」

隊長走進店裡，被稱作葉老闆的男人抬了抬頭，打量了隊長幾眼，最後才不情不願地收起手機，表示自己確實見過吳梓豪：「那幾個十來歲的小孩不時就來店裡逛逛，看我表演魔術。」

但是那幫孩子手裡都不寬裕，除了一開始買過幾個十來塊的小玩意兒，再也沒有關照過他店裡的生意。至於星期天晚上，葉老闆說自己一直在打手機遊戲，沒怎麼注意有沒有小孩來過或經過。

隊長探身望了望後面隔間，葉老闆立刻不耐煩地抱怨：「已經有三四批員警進去搜查過了，裡面東西多，有些魔術道具都給我弄壞了……」

隊長猶豫了一下，說還是要進去看一眼，葉老闆只好叮囑隊長小心點，弄壞了要賠錢的。那裡的箱子已經堆積如山，通向後屋的那條小道上也亂七八糟堆了不少東西，每走一步都搖搖晃晃。等隊長終於快挪到最裡面的小廚房時，葉老闆忽然在外屋喊了起來：「我星期天好像見過吳梓豪！」

「大約五點多，一個我沒見過的陌生女人，帶著吳梓豪上了路邊一輛黑色小汽車。」

陌生女人？隊長的第一反應就是梓豪爸爸的那個情人，阿娟。難道真的是這女人早就謀劃，騙過了前期的偵查員？

隊長趕緊拿出列印的阿娟照片讓對方辨認，但葉老闆皺著眉頭看了一會兒，說自己也不確定是不是一個人，畢竟只是瞄到一眼，沒看那麼仔細。

陌生女人，黑色小汽車，五點多，在路邊停靠。雖然商店街兩端的攝影鏡頭拍不到魔術店對面的路，但一輛車正常通行，算上紅綠燈時間，基本可以估算出大致時間。而有停靠的黑色小汽車，通行時間一定會異常。只要揪出那輛車，就可以順藤摸瓜找到背後的「陌生女人」。

按照這些資訊，隊長趕緊聯繫了情報和影片組的隊員。阿娟的嫌疑陡然上升。

在隊長忙著查那輛黑色小汽車和背後的陌生女人時，十六日早上八點多，達哥叫上警犬隊的弟兄們開始了第三次現場搜索。他還在為找回一具完整的屍體而努力。

本來經過前幾天的折騰，大家對警犬不抱什麼希望了，沒想到十點鐘的時候，警犬在離發現左手的位置不到五十公尺、同一條路的灌木叢下，找到了另一隻斷手。

達哥第一時間趕了過去，地上還留著一個凹陷的土坑，斷手就埋在坑裡，上面覆蓋了很厚的落葉。達哥把斷手附近的落葉一片片仔細挪開，確定沒有其他組織遺漏，才開始進一步檢驗。

這是一隻右手，劈砍方式和前兩天發現的左手一模一樣，而且也被烹煮過。土坑邊緣沒有新鮮挖掘的痕跡，看形態像是之前栽種的一株灌木被拔走後留下的坑。斷手上也沒有包裹物，只隨便用落葉蓋了一下。凶手簡直是直接把這隻手當垃圾一樣丟棄在這裡，處置方式匆忙而潦草，這極其反常。

刑偵學上有個說法叫「遠拋近埋」，說的是大多數凶手處置屍體時的規律：如果是分屍、棄屍，往往都會丟棄在遠離自己住處的地方；如果就在自己家附近處理，往往都會選擇挖深坑埋屍。

分屍是一件耗時耗力的事情，需要極強的心理素質和體力。選擇分屍再棄屍的凶手往往是為了隱匿罪行，延遲自己被發現的時間。這種凶手的思維相對縝密，除非剁得無法識別，否則他們選擇的棄屍地點會盡可能遠，而且非常隱蔽。

但殺害吳梓豪的凶手偏偏把這麼明顯的斷手，就這樣肆無忌憚地丟在人流車流量都很大的路邊。究竟是做案過程出了紕漏，還是凶手過於暴虐？

這種違背常理的行為讓達哥陷入困惑，也讓正在追查「陌生女人」的隊長摸不著頭緒。如果是阿娟做案，她應該會直接帶吳梓豪去她熟悉的地方，就算要殺掉孩子也會在外地動手才對。

殺人後分屍，還直接丟在原地，邏輯上根本說不過去。隊裡都覺得阿娟的嫌疑小了很多，一種新的猜測在右手被發現之後占了上風：會不會是變態或者有前科的人？

能在家門口殺人，又在家門口棄屍，這個人的心理承受能力絕不一般。結果情報組的弟兄丟來一個重磅炸彈，摸排的情況比大家的猜測還要邪門。他們在調查附近精神病人和刑滿釋放人員時，發現就在商店街後面出租屋裡，住著一個有前科的殺人犯。而且當年，此人就是用「分屍」的手法處理了屍體。

一個殺人分屍的凶手沒判死刑？還能出獄？連隊長都有些不敢相信自己的耳朵。嫌疑對象叫王學武，三十四歲。十五歲那年，他在打工期間與自己的木匠師父發生爭執，在住處將對方殺害，然後分屍丟棄。

因為犯案時年齡還小，王學武被判了死緩，幾次減刑下來，坐了十八年牢，於一年前出獄。在老家待了半年之後，他來到本地打工，從事裝修工作。

情報組的弟兄也覺得有些不可思議，但現實就是這樣——這種新興的商業區往往魚龍混雜，不全面搜查，誰也不知道裡面還藏著這樣一個人。

事不宜遲，隊長叫上達哥，又招呼了兩個隊裡的弟兄，四人直奔王學武的住處。一個男人開了門，手裡正端著一大碗麵條。看見門外站著的達哥四人，愣了一下，順手把麵條放在門口的櫃子上，抱起手臂堵住門，一臉不爽。

達哥拿出證件：「員警，查看證件！」

男人悻悻地轉身進屋，兩個弟兄把守住門口，達哥和隊長跟著男人順勢溜進了房間。隊長站在床邊看著對方翻找證件，達哥則直奔廁所和廚房。

「不用看了，沒東西，我知道你們為啥來。」男人把暫住證和身分證遞給隊長，正是王學武。

王學武的態度並不友好，但這顯然不是計較態度的時候。達哥趁隊長檢查證件，在廚房晃了好一會兒，還把廚房裡的刀和砧板都拿起來看了一遍。

廁所的地板上散佈著斑斑點點的汙漬，瓷磚邊角甚至有厚厚的黑色油汙，一看就是很久沒有好好打掃過了，洗衣粉袋子、洗潔精瓶子上滿是灰和油汙。

達哥朝隊長搖了搖頭。這個男人是否是凶手現在無法確定，但這裡肯定不是分屍的第一現場。

隊長例行詢問了王學武前幾天的行蹤，對方無奈地表示，他知道附近有個小孩被人殺了，還砍了手下來。

「是，我是殺過人，但我都已經吃了十八年牢飯了，你們也不能一輩子揪著不放，把什麼都往我頭上栽吧！」

沒有明確的線索和證據，隊長也只能採用一些迂迴的手段。他暫時扣押了王學武的身分證，讓對方最近不要離開本地。

與此同時，情報組的弟兄花了兩天時間，終於查清了給梓豪爸爸打電話、發訊息的陌生號碼。但背後的情況卻叫人跌破眼鏡。

號碼的主人本來是住在附近的一個中年大叔，十三日案發當天，他正在出差，根本不在本市；十四日回家後聽說了黑狗咬斷手的新聞，試著撥打了尋人啟事上的電話。

「但只是想聽更多的八卦。」

結果電話接通後，他突然覺得自己這麼做實在很沒品，於是又傳了一條簡訊解釋自己的行為。

大叔打電話的手機是個備用機，發完簡訊沒多久就關機充電了。之後幾天都沒有使用，也就沒有開機。

因為出差全程有購票紀錄，也有住宿登記，大叔的說法很快被證實。沒想到這麼重大的嫌疑竟然源於一連串荒唐的巧合。

隊長那邊同樣沒能帶來好消息。阿娟的情況初步核實清楚，被打之後因為要不到錢，她沒多久就去了另一個城市，近期根本不在本地。

至於和阿娟在一起的那個男人，按照阿娟的說法，他們在一起的時間不長，對方根本不認識梓豪爸爸，更不知道他家的情況。兩人近期也沒有電話聯繫。

最有嫌疑的人一個接一個被排除，全隊上下都陷入了沉寂。

那兩隻被隨意拋棄在警方眼前的斷手，像無聲的求救信號，又像巨大的挑釁。

凶手究竟是誰？被殘忍殺害的梓豪又在哪裡？

無措、失去目標的恐懼包裹著達哥，他害怕鄰居一家的悲劇會在吳梓豪父母身上重演。幾乎每一個遇害或失蹤兒童的家屬都會問同一個問題：如果在孩子失蹤的第一時間就安排足夠的人力物力去查，結局會不會不一樣？

達哥從來給不出答案。因為要每一個接到報警的員警，在第一時間判斷出一個走失案該不該跟，真的太難了。

幾乎每一個家長都會告訴員警自己的孩子很乖，絕對不會亂跑，也不會不打招呼不回家。但百分之九十九的案件中，那些「走失」的孩子不過是滯留在網咖、遊樂場，或者小夥伴的家裡。

而現實情況是，員警在接到初期報案時能做的十分有限：做個筆錄，查一查附近的監視畫面……派出所根本不可能把這些報案都按照拐賣兒童，甚至謀殺案來處理，因為沒有那麼多警力，時間再早一點狀況更糟。

二十世紀、九十年代，鄰居何小妹失蹤的時候甚至沒有監視器，員警除了幫忙詢問一下小孩的老師，跑跑遊樂場，查查有沒有溺水、交通事故，基本無從下手。

而這種新舊困境的交疊裡，留下的是一個個破碎的家庭。一九九〇年到二〇〇〇年初這十多年，是兒童拐賣案發生最多的年代。最猖獗的人販子甚至會入室盜竊小孩，或者等在家門口直接把嬰兒搶走——這樣的事攤在任何一對父母頭上，都會成為橫貫後半生的夢魘。孩子丟了只是痛苦的開始，後面長久的拉鋸和等待也足夠把人拖垮。

鄰居何大嬸不止一次和達哥抱怨過，每次去派出所問案件情況的時候，都沒有人願意搭理她。她也知道時間過去很久了很難找，連當年受理何小妹失蹤案的員警都退休了，但這種毫無回音的等待依然讓人憋屈。

鄰居何叔叔過世之後，達哥串門子的時候注意到，何家客廳還留著一家四口的全家福照片和何小妹以前的玩具，但何大嬸再也不提何小妹的事情了。這個女人變得越來越沉默，兩家人也越來越生疏。

達哥幾次碰到何大嬸，對方都只是像陌生人一樣瞟他一眼，迅速挪開視線，連個點頭的招呼都不再打。這樣的情形一直持續到達哥進警隊。

有一天，何大嬸特意找了達哥在家的時候，提著水果，敲開了門。她坐到沙發上，手裡握著紙巾，一邊說一邊擦拭眼角。「我最近老是做夢，整晚整晚睡不著，好多次夢見小妹在黑漆漆的房間念叨著要媽媽。」她覺得女兒很可能在受苦，說一定要找到她。這次來就是想問問達哥，有沒有更好的辦法能幫她找到女兒。

其實達哥明白，不是女兒「託夢」，而是這位母親太思念自己的女兒了。達哥幫何大嬸採了血樣，標記了失蹤兒童的資訊，但DNA系統並不能直接認定「母女」這種單親關係——只有父母雙方都比中小孩時，系統才能自動認定。

除了每隔一段時間把資料滾動比對之外，不管哪個地方有被拐兒童被解救，達哥都會積極聯繫當地，拿何小妹的資料和那些兒童的資料比對一遍。但幾年過去了，還是一點消息也沒有。

每次看到其他案子裡有意外死亡的兒童，達哥都會不由得想起何小妹，但他總安慰何大嬸，沒有消息至少證明何小妹沒有被害，沒有被丟棄到育幼院。

「孩子可能好好地在新家庭裡呢。」他也會這樣安慰自己：沒有好消息，但至少沒有壞消息。只要沒有壞消息，他就還有機會。

局裡終於下了「死命令」：抽調全域警力，對中心現場附近的所有場所，尤其是出租屋，挨家挨戶搜查。發現一丁點可疑也要立刻上報。

這一招非常有效，在商店街附近五百公尺範圍內，累計發現了六個有可疑血跡的房間。達哥提著勘查箱從第一個房間檢查到最後一個。十六日整個白天，他一直在期待和失望中不斷迴圈。

參與搜查的員警很多都不是專業刑警，他們既不能根據血跡的形態分析出它形成的原因，也無法依據它的顏色判斷出它的新舊程度。

在這六個房間裡，有五間的血跡都是隨手抹在牆壁上的，這些血跡形成的時間也都是幾週甚至幾個月前。唯一一個新鮮的點狀血跡，是屋主切菜時切到手指，不小心甩到牆壁上的，她還給達哥看了手指上的傷痕。

這些房間都不是分屍現場，案件似乎又跑進了死胡同。達哥突然想起，吳梓豪左手指縫間遺留的兩根狗毛。第一個發現左手的就是五金店老闆家的那條黑狗，那麼斷手的原始位置肯定在狗的日常活動範圍內。

達哥他們讓老闆把黑狗的鏈子解開，遠遠地跟在狗屁股後頭轉了一下午，最終得到了一個驚人的發現——狗的活動範圍比預想的小得多！

除了定點撒尿劃地盤之外，主要活動地點就在自家五金店門前和花壇邊，沿途不過兩百公尺——剛好覆蓋梓豪失蹤的這一段路。

凶手藏的地方可能比我們預想的還要近，他很可能一直在我們身邊，看著我們一步步調查。隊裡當即決定在黑狗的活動範圍內進行第二輪搜查。

但人還沒撤出去，一個新的情況打破了達哥他們的計畫。情報組的弟兄翻看了吳梓豪失蹤當天商店街的監視影片，都沒有發現魔術店老闆回應的那輛路邊停靠的黑色小轎車。

下午四點半到六點半，所有進過商店街的黑色小汽車都被掐著錶算了時間，沒有一部車在路邊臨時停靠。

疑點，附近幾個店鋪的老闆也沒有任何一個看過所謂的「陌生女人」。阿娟的嫌疑被徹底排除。

梓豪的母親更是拍著胸口保證：「小豪絕不會跟陌生人走，更不可能不和家裡說一聲就跟著別人上車。」

又是疑點，兩個疑點，是巧合嗎？隊裡的弟兄漸漸對這個葉老闆起了疑心。梓豪爸媽在聽說這條線索是魔術店葉老闆提供的時候，還想起了另一件事。「三月十三日那天晚上，我們找到半夜都沒找到小孩，去派出所報警再回到商店街的時候已經是十四日凌晨一點多……」

夫妻倆往家裡走的時候，看見魔術店葉老闆和店夥計兩個人正從路那頭迎面走過來。梓豪爸爸隨口問了對方一句看沒看見自己小孩，葉老闆說沒看見，說他們兩個是剛從大排檔吃完消夜回來。

梓豪父母提供的這個線索立即引起了隊裡的注意，隊長派人去商店街附近的大排檔挨個兒詢問，結果只有兩家大排檔在案發當天營業到凌晨一點之後。而這兩家店的老闆都很確定，魔術店的葉老闆和夥計當晚沒有去過他們店裡。

謊言，連續不斷的謊言。隊長一瞬想起魔術店裡間那看似凌亂又格外乾淨的地面！那裡，會不會就是案發的第一現場？

三月十八日凌晨一點，達哥帶著全套試劑和勘查工具抵達了魔術店。魔術店門口已經有兩個弟兄守著了，沒有拉警戒線，原本在店裡睡覺的葉鑫葉老闆和夥計黃志彬都已經被帶回了局裡。在開始正式審訊之前，達哥必須先確認這裡有沒有問題。

達哥走進店裡，打開了所有的燈。他不止一次在臺下看過魔術師的表演，卻從來沒有進過專門的魔術用品店，就像一個普通食客從沒進過飯店後廚一樣。本來以為店裡會有許多新奇古怪的魔術道具，或者讓他大開眼界的東西，但達哥轉了一圈卻有點失望。門口的彩色海報已經有些褪色，玻璃櫃檯上有不少沒來得及擦的掌印，展示櫃裡雖然擺著許多花俏的撲克牌、塔羅牌，但顯然很久沒人動過。

另外一些達哥叫不出名字也搞不清用途的盒子、棍子就毫無美感地堆在那兒，牆上看似絢麗的魔術彩帶，仔細打量已積了不少灰。一點也不「神祕」，甚至處處透露著破敗。

一面帶彩色串珠的布簾將店鋪從中隔斷，簾後堆著好幾個大紙箱，再往裡有簡易的廚房、廁所。達哥注意到，雖然紙箱放得很凌亂，但地面卻很乾淨，甚至比店鋪門面的地板還乾淨。

儲物間一時半會兒查不完，達哥決定直奔重點，廁所。裡面的一切看起來都很普通：廉價的白色塑膠門、陶瓷洗手臺、狹窄的蹲式馬桶、兩個紅色塑膠桶、牆上的電熱水器。

但就是這些尋常物品，此刻在達哥眼裡卻透出陣陣詭異：牆角瓷磚縫看不到黑灰，陶瓷洗手臺上連常見的汙漬都沒有……達哥腦海裡不由自主地浮現出兩個年輕人撅著屁股，用清潔劑拚命刷洗這個小房間的畫面。

檢測結果不出所料，廁所裡啥都沒有，連專門用於檢測「肉眼不可見的潛在血跡」的試劑，都顯不出一點顏色。太乾淨了，乾淨得甚至有些顯眼。

達哥在這間小屋子裡折騰了一個小時，滿目疑點，但一滴血都沒有找到。達哥扶住廁所的門框，正準備出去透口氣，突然——手邊好像有東西。達哥拿手電筒照了過去，又用鑷子把門框上的「東西」夾了下來。

一個只有米粒大小的透明物質恰好黏在門框的邊緣，在勘查燈的光下，隱約泛著極淡的黃色。那是人類脂肪組織的顏色。

隨後，另一名勘查廚房的同事在洗潔精瓶底發現了淡淡的血痕，像是被水稀釋過的血跡。不出意外，這裡就是吳梓豪被害的第一現場。

十八日中午十二點，實驗室確認，那粒疑似脂肪的組織、洗潔精瓶底的血跡，都和吳梓豪父母符合親生關係，它們就是梓豪留下的最後證據。

DNA檢驗鑑定結果出來後，老闆葉鑫和夥計黃志彬先被晾了大半夜，又被突審了一上午，黃志彬率先崩潰，葉鑫很快也扛不住了，兩人先後承認了全部犯罪事實。

魔術店是一年前開始營業的，老闆葉鑫以前扮過小丑，學過幾手街頭魔術。但之前到處打短工，家裡一直催他找個正經活幹，他想起自己平時用的魔術道具，覺得這也算是個暴利行業，新城商店街開幕，應該有商機。

葉鑫向家裡保證自己會安安分分地做生意，還誇下海口說能賺大錢，從父母親友那要了幾萬元，最後又力邀老鄉黃志彬入股。出資較多的葉鑫當老闆，黃志彬當夥計，兩人一起東拼西湊讓魔術店開張。

但事與願違，這個殘酷的社會很快就給兩個年輕人狠狠上了一課。商店街上其他店鋪多少都有生意，唯獨他這個魔術店，除了開張那幾天附近的小孩和家長新鮮了幾天，後來日益冷清。每天別說賺到租金了，連兩人吃飯都成問題。

開始兩人也試著掙扎了一下，到處找以前的朋友，讓那些還在從事魔術或小丑表演的同行幫襯一下，也聯繫過附近的小學去表演魔術，試圖打開市場。

葉鑫心情好的時候會給附近的小孩表演小魔術，雖然這並不能帶來生意，但總能聚點人氣。孩子們崇拜的目光也讓他心裡快活。

但這些努力最終都沒能改變店鋪經營不善的命運，兩人沒了信心，又無法接受生意失敗、欠錢關門的結果。

「話都放出去了，這樣灰頭土臉回家，臉往哪兒放？」

琢磨來琢磨去，兩個年輕人也沒有找到正經發財的路子。一個偶然的機會，葉鑫看了一部警匪片後突發奇想，跟黃志彬說：「搞把大的，就能解決所有問題！」

兩人最終瞄準了附近的服裝批發市場。他們專門去踩過點，發現那裡隨便一家生意好的店鋪，一天下來現金就能收幾十萬。確定了做案目標，兩人開始準備犯案工具，頭套、面具，自己店裡都有現成的，但怎麼搶，拿什麼搶，成了問題的關鍵。

兩個年輕人都身材精瘦，不說對付成年壯漢，一個彪悍的女性就能讓他們吃不了兜著走。緊要關頭，夥計黃志彬想起了魔術店裡的一樣「寶貝」。「五萬伏特，一擊即倒。」雖然道具電擊槍的說明書上這麼寫，但到底是不是真管用，兩人都不敢確定。自己要幹的是犯法的勾當，可不能事到臨頭出差錯。可是，拿誰來試一下呢？兩人你看看我、我看看你，都不願意做「實驗對象」。

葉鑫想起了之前經常來店裡的小孩們。「就算小孩被電暈，大人也會當小孩子說傻話，沒人較真的。」

他們一拍即合，決定在小孩身上試一下，甚至還想好了，要是被問起來，咬死不承認就好了。

三月十三日，葉鑫和黃志彬準備好了一切，就等合適的「實驗對象」上門。下午四點半，梓豪告別了其他小夥伴，毫無戒備地走進自己熟悉的魔術店。

平時，梓豪都是自己進店裡看看，擺弄一會兒魔術道具就走。但這天，葉鑫沒有放任梓豪一個人在店內玩，而是熱情地湊到他身邊：「後面的儲物間有新玩具，你進去看看喜不喜歡？」

一步、兩步，梓豪走向那道帶彩色串珠的布簾。梓豪的身後，一把預先充滿電的電擊槍慢慢貼上了他的後頸。

「啰噠——」葉鑫按下了開關。「啊！」被電流猛地擊中，梓豪並沒有像兩個年輕人想的那樣昏迷倒地，反而大聲呼痛，叫喊著要回家告訴自己媽媽。夥計黃志彬被梓豪的呼叫聲弄慌了，順手拿過一旁的鐵錘，連續幾錘砸到孩子的頭上。

幾秒間，梓豪喊不出聲了，小小的身體歪倒在地上，永遠停止了呼吸。事情發生得太快，葉鑫甚至都沒有反應過來，一切就已經結束了。兩人在原地站了好一會兒，看著梓豪流出來的血越來越多，才漸漸回過神。

兩人丟下手裡的凶器，跑到洗手間胡亂沖了個澡，又換了一身衣服，轉頭居然跑去了網咖。直到打了一會兒遊戲，兩個殺人犯才終於冷靜下來，開始在網上搜索「毀屍滅跡」

的方法。

晚上十點多，兩人一起回到住處，先按著網上找到的方法清理了血跡，又處理了屍體。因為害怕警方通過指紋確認孩子的身分，特意把手和凶器都丟到鍋裡煮了一遍。

當晚十二點多，等整條街上完全沒有行人了，他們才準備棄屍。兩人最看重的證據——「手掌」，丟棄的地點卻決定得非常草率。最初，兩人想把手掌丟在垃圾桶裡，葉鑫還「多考慮了一步」，說街邊的垃圾桶經常有人翻撿垃圾，很容易被發現，不如丟到花壇裡做肥料。

於是，兩隻手分別被丟棄在路邊花壇的土坑裡，都只是用落葉和雜物隨意遮了遮，兩個年輕人覺得這種程度的「棄屍」已經足夠隱蔽了。

準備回去取其他屍塊時，他們剛好撞見報案回來的梓豪爸媽，兩人一下都有些慌神。還好對方只是簡單問了他們兩句就走了，並沒有起疑。

但這次偶遇讓葉鑫和黃志彬都很緊張，他們再也不敢把剩餘屍塊丟在附近了，回去後也不敢再搞出分屍的大動靜。

兩人從一點一直熬到早上六點，終於決定還是要把剩餘的屍塊和衣物丟棄。

這次他們找了兩個大旅行包，把做案工具、剩餘的屍塊和衣物分開裝進兩個袋子，搭計程車到了城郊，把這些東西丟在荒山上。

回到店裡，兩個年輕人把洗手間徹底清洗了一遍，又把烹煮過屍體的鍋丟了，才裝作若無其事地開店營業。

結果他們「沒想到」不到一天，斷手就被黑狗刨了出來。十四日晚上兩人早早關了店門避風頭，可惜不熟悉街上營業狀況的員警並沒有第一時間發現這個異常情況。

好在後續挨家挨戶的調查震懾住了兩個年輕人，他們不敢自首，也不敢出逃。

此前隊長上門查看時，葉鑫生怕這個老員警發現屋裡不對勁，就臨時編了個謊，說「陌生女人帶著梓豪上了黑色小轎車」，其實是為了分散隊長的注意力。但恰恰是這個謊言，讓員警更快識破了他們的偽裝。

這樣的審訊結果讓刑警隊上下都很意外，沒想到這麼凶殘的案件，起因居然僅僅是兩個年輕人的犯罪預備，「做個實驗」。

案件中那些讓達哥他們感到困惑的行為，原來是從影片和網路上學來的「胡編亂造」，再加上年輕人的衝動莽撞，才讓他們在整個案件中顯得格外分裂、自相矛盾。

三月十八日下午三點多，隊長派了四輛警用麵包車，十幾個員警，分別帶著魔術店的葉鑫和黃志彬去指認現場，尋找剩下的屍塊。

案子已經破了，說起來這種找屍塊的事情達哥完全可以讓其他法醫去，畢竟他已經連續加班五天了，但達哥專門開了自己的勘查車跟在後面。車隊從公安局出發，專程繞到商店街的大路上。車輪一寸寸輾過葉鑫他們棄屍的路線。

達哥沒有參與審訊，他到最後也不明白這兩個年輕人為什麼能夠那麼狠心，對一個小孩下手。那天，他拎著重重的勘查箱，跟著隊伍從荒山腳下，爬到荒山頂，一點不差地把所有屍塊全找到了。

當天下午，檢驗完梓豪的屍體，達哥細緻地縫合好解剖創口，然後就站在那兒，靜靜地看著這具還沒來得及長大，就破碎了的身體。

一旁的同事清洗完解剖工具，開始脫拋棄式防護衣了，達哥還站在那裡。他盯著解剖臺上的梓豪，總覺得這一幕太刺眼。他想起派出所裡梓豪母親神情恍惚的念叨，想起了坐在他家沙發上想女兒想到落淚的何大嬸。

不能把梓豪就這樣交給梓豪爸媽，不能。他問同事，有沒有什麼方法處理一下，讓梓豪「好看」一點，同事們都只是搖搖頭。

有專門的規定，這種分屍是不能破壞砍切部位的。也就是說，正常情況下，梓豪的屍體在被火化前都得保持這樣破碎的狀態。

同事也勸他，活已經幹完了，不要再搞麻煩。但達哥很倔，他覺得自己一定得做點什麼。他翻出工具箱裡用來黏取指紋的透明寬膠帶，輕輕地把分屍的位置對齊，再用膠布纏起來接好。

好孩子，沒事了，一切都是大人不好。「這樣就不算破壞傷口，又能讓孩子完完整整的。」

這樣的梓豪套上寬鬆的衣服，再戴上帽子之後，從外表看不出來有什麼異常。

這是個好孩子，哪怕是離開，也該好好地、體面地離開。達哥到最後也不知道梓豪父母看到自己兒子遺體時是什麼樣的心情，但他知道，自己盡力了。

這起案子偵破七年後，達哥成家立室，有了一個可愛的女兒。他第一次感受到「孩子」之於父母的意義，他想永遠守護她。

「團圓行動」快接近尾聲了，有一天，達哥突然把自己的電腦螢幕轉過來，問我：「你看她們像嗎？」

螢幕上是兩個年齡懸殊的女人，有著一樣的臉型、相似的眼眉和嘴角。我問達哥，DNA怎麼樣？他告訴我說符合單親，母女人像相似度比對也有七十多分。「那還猶豫啥，絕對像！先認定了再說。」我給達哥鼓勵，提醒他還可以再加做母系遺傳。

又過了三天，達哥接到一條微信資訊，他探過頭來向我「炫耀」，笑得見眉不見眼。原來那對相像的母女，就是他鄰居何大嬸和失散多年的女兒何小妹，她們已經確認了親生關係。

他在「團圓行動」裡讓鄰居何大嬸和女兒團圓了。局裡組織了認親儀式，可惜達哥趕不回去，只好讓隊裡的弟兄發來她們母女相認的照片。沒有想像中抱頭痛哭的畫面，照片裡兩個眉眼相似、年齡懸殊的女人各自站著，看上去有些拘謹。

何大嬸特意準備了一些食餅筒，是類似春捲的一種家鄉小吃，據說是何小妹小時候最喜歡的食物，但對方只嚐了一個，並沒有流露出太多喜悅。

何大嬸也有些不知所措了。失蹤時才三歲的小丫頭早就變成了大人，愛吃的東西或許也早就變了吧。可能是因為多年的分離，何小妹心理上一時轉不過彎，所以暫時還有些疏離，但畢竟血脈相連，母女倆最後約好，以後經常見面。

臨分開的時候，何小妹主動上前抱住了何大嫂，這個失去丈夫、失去兒子，幾乎要失去所有的女人一下子淚流滿面。她們都等了對方太多年了，就多給她們一點時間吧。

何大嬸當然也沒忘記達哥的幫忙，在認親前就親自送了一大堆食餅筒到達哥家表示感謝。事情沒有預期的順利，可也沒有想像的那麼糟糕。我能理解那種感覺，其實於我們而言，這已經是「圓滿」了。

我曾受理過一個尋親案：一名母親在睡午覺時，自己的雙胞胎兒子被人偷走了一個。事情發生後，丈夫覺得是她的過失，很快拋棄了她和孩子。這個母親在家鄉生活無著落，只能帶著孩子到廣東打工。她在我們轄區報了案，今年通過DNA比對，我們幫她找回了那個被偷走十幾年的孩子。

孩子當年被拐賣後，居然一直生活在我們轄區。命運就是這麼神奇，千里之外的分離，又在異地他鄉重聚。認親那天，她和我說：「我也不知道怎麼感謝你們，就給你們行個禮吧。」

我本以為她會鞠個躬，正伸手去扶的時候，她已經雙腳跪到了地上，我趕緊一把拉住她。那一刻她淚流滿面，我也熱淚盈眶。為了這樣幸福的淚水，我、達哥，我們還願意幹很多很多年。

「團圓行動」的電腦房，那是一間每時每刻都在發生「奇蹟」的房間，像有某種魔力，讓你願意在裡面越待越久——因為每個數字背後都可能是一個等待團圓的家庭，那種感覺太好了。

「希望」對法醫來說太奢侈了，多數情況下我們只會帶去壞消息。到達一個現場，常常是急救醫生前腳出去，我們後腳進門。家屬、圍觀人群看向我們兩者的眼神是截然不同的。幹得越久，心上的碑就越多，無能為力的痛苦、遺憾成了常態。

我知道，那個房間裡的每個法醫幾乎都是穿過了分離和死亡的陰影，才來到這兒的。而「團圓行動」就像我們的一場療癒，「希望」變成了一個個看得到的數字。

行動結束時，達哥是所有人裡成績最好的，經過他的細心比對失蹤孩子將近四百個。

他一個人判定的成果是我的好幾倍，截至二〇二一年十一月三十日，「團圓行動」已找回歷年失蹤被拐兒童一萬〇九百三十二名，其中失蹤被拐人員與親人分離時間最長的有七十四年。

臺上的達哥笑著說：「我想把自己的一些經驗講出來，能為『團圓』多盡一分力，都是天大的好事。」

那一刻我由衷地驕傲。法醫也可以帶去好消息：團圓，就是天大的好事。

—後記—

穿過無數絕望，摸索到一個希望，是每一個法醫都在堅持做的事

電影《失孤》裡，劉德華飾演一名和兒子失散多年的父親，電影的原型郭剛堂在二〇二一年的「團圓行動」裡，找到了自己的兒子。

現實中，郭剛堂的經歷異常坎坷，兒子毛寅是他找回的「第三十個孩子」。在此之前，他已經幫助二十九個孩子找到了家。每找到一個孩子，就給一個家庭帶來了希望，但同時也讓郭剛堂的希望落空一次。這種情緒落差，在二十四年的尋子之路上，被重複了二十九次。

穿過無數絕望，摸索到一個希望，是郭剛堂過去的寫照，也是當下每一個法醫每天都

在堅持做的事。

被譽為國內法醫學界天花板的劉良曾經說過：「法醫有一個好處，總是絕處逢生。」遇到的每一個「絕處」，可能都要攔住他們數十年。這期間，一遍遍分析線索、一次次創新技術，直到在一個「絕處」上鑿出裂縫。

寫到這兒，我彷彿又看見達哥坐在那間不大的電腦房裡，盯著螢幕上的數位一個一個比對。

他的心裡始終點著那盞送孩子們回家團圓的燈。

國家圖書館出版品預行編目資料

我的骨頭會說話：法醫真實探案手記 1/ 廖小刀作 . --
初版 . -- 臺北市：三采文化股份有限公司 , 2023.12
面； 公分 . --（Focus；105）
ISBN 978-626-358-224-8（平裝）

1.CST: 法醫學 2.CST: 鑑識 3.CST: 個案研究 4.CST: 中國

586.66 112017389

◎封面圖片提供：
PixieMe - stock.adobe.com
iStock.com / Vladi333

suncolor 三采文化

FOCUS 105

我的骨頭會說話

法醫真實探案手記 1

作者｜廖小刀

編輯二部 總編輯、選書編輯｜鄭微宣 主編｜李媁婷 美術主編｜藍秀婷

封面設計｜李蕙雲 內頁排版｜陳佩君 校對｜黃薇霓 版權副理｜杜曉涵

發行人｜張輝明 總編輯長｜曾雅青 發行所｜三采文化股份有限公司

地址｜台北市內湖區瑞光路 513 巷 33 號 8 樓

傳訊｜TEL：（02）8797-1234 FAX：（02）8797-1688 網址｜www.suncolor.com.tw

郵政劃撥｜帳號：14319060 戶名：三采文化股份有限公司

本版發行｜2023 年 12 月 8 日 定價｜NT$420

本作品中文繁體版通過成都天鳶文化傳播有限公司代理，經北京天才捕手文化傳媒有限公司
授予三采文化股份有限公司獨家出版發行，非經書面同意，不得以任何形式，任意重制轉載。